LE LIVRE D'OR
CUBA

Textes de Renato Recio, Eduardo Jiménez et Milena Recio

EB
BONECHI
EDITORIAL
José Martí

© Copyright by CASA EDITRICE BONECHI
Via Cairoli 18b - 50131 Florencia, Italia
Tel. 055/576841 - Fax 055/5000766
E-mail: bonechi@bonechi.it - Internet: www.bonechi.it
ISBN 88-476-0187-8

© EDITORIAL JOSÉ MARTÍ
Publicaciones en Lenguas Extranjeras
Apartado Postal 4208
La Habana 10400, Cuba
Tel. (537)333541 / 329838 - Fax (537)333441 / 338187
E-mail: cclfilh@artsoft.cult.cu
ISBN 959-0164-6

Projet et conception éditoriale: CASA EDITRICE BONECHI
Direction éditoriale: Monica Bonechi
Projet graphique et recherches iconographiques: Serena De Leonardis
Rédaction: Magaly Silva *et* Giovannella Masini
Mise en pages PAO: Studio DCM, Firenze *et* Laura Settesoldi
Couverture: Laura Settesoldi
Textes: Renato Recio, Eduardo Jiménez *et* Milena Recio
Traduction: Laura Meijer

Les photographies de cet ouvrage sont de Marco Bonechi *et* Paolo Giambone,
et appartiennent aux archives de la maison d'édition Bonechi.

Imprimé en Italie par:
CENTRO STAMPA EDITORIALE BONECHI

* * *

INTRODUCTION

Contrairement à ce que l'on pense habituellement, Cuba a été maintes fois découverte au cours de son histoire. Avant même l'arrivée le long de ses côtes de l'amiral Christophe Colomb le 28 octobre 1492, l'île avait déjà été visitée par des "étrangers", aborigènes dont les périples commençaient probablement dans la région continentale de la Caraïbe et se terminaient bien souvent sur cette terre nouvelle qui leur offrait enfin un lieu où se fixer. On peut imaginer que ces "Indiens" (comme les baptisa Christophe Colomb, convaincu d'avoir débarqué aux Indes) vécurent une vie tranquille, car ils avaient une nature pacifique et se trouvaient entourés de tout ce que la nature pouvait offrir pour leur subsistance. Mais les grandes découvertes européennes qui partagèrent le monde en hémisphères brisèrent également la paix des premiers habitants, ouvrant la voie à cinq siècles d'une histoire dans laquelle Cuba a souvent eu l'occasion de jouer un rôle.

Tout d'abord sa condition d'île privilégiée dans la mer des Caraïbes. Les températures élevées et les régimes des pluies tropicales donnèrent lieu à un paysage naturel particulier, d'une incroyable variété. Christophe Colomb ne fut pas le seul à être séduit par cette vision féconde et virginale : "Ceci est la plus belle terre qui se soit offerte aux yeux de l'homme". On doit au naturaliste et géographe allemand Alexander von Humboldt (1769-1859), considéré comme le deuxième découvreur de Cuba, la première description scientifique de ses extraordinaires reliefs tourmentés, de ses plages immenses et de la diversité de sa flore et de sa faune.

Don Fernando Ortiz, ethnologue et polygraphe, fut celui qui explora le plus intensément, entre 1920 et 1950, les secrets intimes de la cubanía, une entité impalpable qui vit le jour de façon convulsive au fil des siècles. Cela valut pour toujours à ce savant, né dans sa Havane bien-aimée, capitale du pays, le titre de troisième découvreur de Cuba.

Si Christophe Colomb avait révélé au monde l'existence de Cuba et Humboldt en avait décrit la nature, Ortiz traça quant à lui les grands traits de son caractère : il voyait dans le peuple cubain, le fruit le plus généreux de cette terre, sa qualité la plus sacrée.

Au terme d'un processus complexe qu'Ortiz qualifia de "transculturel", le peuple cubain se forma par ac-

Le Malecón, la promenade de mer très fréquentée de La Havane.

crocs, à partir de racines diverses, en un métissage entre race blanche, apportée par les Espagnols et d'autres Européens émigrés à Cuba, et race noire, celle des Africains amenés ici comme esclaves à partir de 1526.

Le mulâtre, ce mélange de cultures qui donne lieu à une identité particulière, est l'un des plus importants symboles de la "cubanía" ; il ne s'agit pas seulement de la couleur de sa peau. Sous l'intensité du soleil cubain, qui éclairait tant le commerçant espagnol que le propriétaire créole ou l'esclave noir, les croyances religieuses, les modes de vie et les comportements de tous les habitants du pays ont fini par se fondre de façon particulière, et ce en dépit des entraves qu'imposait la domination blanche et catholique.

Le peuple cubain est aussi le résultat de la convergence d'autres nationalités qui, sans avoir eu à Cuba une présence prédominante, y ont laissé leur empreinte et font partie intégrante du mélange : les Chinois, amenés à Cuba pour y être les nouveaux esclaves ; les Français et les Haïtiens, émigrés lors de la révolte de 1791 à Haïti, auxquels on doit entre autres d'avoir introduit la culture du café à l'est du pays ; et les Nord-Américains, à Cuba depuis la fin du XVIIIe siècle. Si on ajoute à cela l'apport arabe présent chez les Espagnols, on a les ingrédients d'une nation aux multiples facettes.

Cuba a toujours eu des liens étroits avec la mer. C'est de la mer qu'arrivèrent les conquérants, les pirates et les corsaires, les cyclones et les ouragans, la mer qui apporta les esclaves, la presse, la machine à vapeur et le chemin de fer. C'est aussi la mer qui créa les longues plages de sable blanc de l'île, baignées par ses eaux transparentes.

C'est encore par voie de mer qu'à la fin du XIXe siècle arrivèrent les cuirassés américains dont la mission était d'intervenir lors de la guerre d'indépendance à la suite de laquelle l'Espagne renonça à Cuba. Et c'est sur la côte méridionale de l'île qu'en 1956 débarquèrent 82 jeunes Cubains, arrivés dans une petite embarcation sous la direction de Fidel Castro, qui reprirent la lutte pour la souveraineté de leur pays, depuis 1902 une république gouvernée par les intérêts des États-Unis.

Baignée par l'océan Atlantique et la mer des Antilles, rafraîchie par les vents, cœur de nombreuses passions, excès, égoïsmes et projets ourdis en dehors d'elle, l'île et ses habitants furent enfin maîtres de leur destin à la suite d'un événement historique qui révolutionna la vie politique, sociale et culturelle cubaine. Le triomphe de 1959 amena au peuple une

dignité nouvelle, engendrant de nouvelles énergies et de nouvelles inconnues.

La ville de La Havane, dont l'histoire fut de tout temps liée à celle de Cuba, est aujourd'hui encore l'endroit où s'expriment le mieux les réminiscences des époques passées et la modernité cubaine pleine de vie. Parmi des demeures seigneuriales, préservées en vertu d'un intérêt spécial pour le passé, et de vieilles voitures américaines qui continuent à circuler sans que rien puisse expliquer le mystère de leur longévité, les Havanais ont vécu et se sont approprié ce qu'eux-mêmes appellent la "culture de la résistance".

Parce qu'il vit une situation paradoxale de survie et de développement, de blocus et de protagonisme international, le peuple cubain est l'un de ceux qui suscitent le plus d'intérêt dans le monde, compte tenu des dimensions de son pays et de l'importance de sa population.

Mais le mystère de la cubanía est difficile à élucider. À la demande Qu'est-ce qu'un Cubain ? l'on obtient les réponses les plus variées, souvent contradictoires : ils sont joyeux et extravertis, profonds et tenaces ; prêts à plaisanter dans les situations les plus dramatiques, capables de sacrifices et d'abnégation. Sans oublier qu'ils sont sensuels, incorrigiblement romantiques et pragmatiques, patriotes et cosmopolites, austères et gaspilleurs....

Il existe maints adjectifs pour décrire les Cubains. Mais peut-être pas encore assez pour cerner complètement un peuple qui, dans sa courte vie de nation, a été confronté à des ennemis si puissants et a rêvé avec une passion si démesurée.

La Havane moderne vue depuis la mer.

La cathédrale, un des symboles de La Havane.

LA HAVANE
La vieille ville

À quelques pas de ce qui s'appelait alors le port de Carenas, face aux courants du golfe du Mexique, un petit groupe d'hommes décida de fonder la cinquième ville de Cuba, selon le plan de colonisation établi par le *conquistador* Diego Velázquez.

C'était leur troisième essai pour trouver un habitat depuis que sous la direction de Pánfilo de Narváez ils avaient essayé de s'établir à l'embouchure d'un cours d'eau de la côte sud. Ils étaient ensuite allés sur la côte nord, près de l'endroit où l'actuel Almendares se jette dans la mer, avant de s'installer enfin à proximité d'une baie splendide, bien protégée de la fureur de l'océan et destinée à devenir le point de convergence de tous les bateaux assurant les liaisons avec l'Espagne.

Avec le temps, ce petit village devint une ville très peuplée, riche d'histoire et de culture.

En 1982, le Comité International du Patrimoine Mondial de l'UNESCO a inscrit le centre historique de La Havane au nombre des plus importants ensembles architecturaux du monde. Les édifices, les places, les églises, les parcs et les rues de la vieille ville sont un exemple éloquent d'un culture qui est une synthèse entre éléments espagnols, africains et américains, dont le charme curieux attire chaque année des centaines de milliers de touristes.

Dans ses rues étroites mais bien tracées, on ne trouve pas beaucoup d'édifices attestant les écoles d'architecture dominantes en Europe du XVe au XIXe siècle, mais la vieille ville a un charme singulier qui, pour reprendre les termes d'un des grands spécialistes de l'architecture cubaine, vient du fait qu'ici les constructions coloniales ont une personnalité bien définie, avec des solutions entièrement fonctionnelles, et qu'elles reflètent de manière impressionnante le niveau social, la vie et les mœurs du pays et

les matériaux fournis à l'époque par le sol et les industries cubaines.

C'est pour ces raisons que l'on respire une atmosphère très particulière dans les quelque 150 hectares qu'occupe la vieille ville.

Dans les années cinquante par exemple, avec la construction du tunnel de la baie, qui engloba la vieille ville dans le processus de développement de la capitale, les terrains de cette zone prirent une telle valeur que certains y virent une menace pour la préservation de ce patrimoine culturel. Et leurs craintes devinrent une certitude lorsque fut annoncée la construction d'une aérogare d'hélicoptères à l'emplacement de la plus ancienne université cubaine.

La Révolution de 1959 mit un terme à ce processus qui risquait de détruire la vieille ville et de la transformer en une profusion d'édifices utilitaires et commerciaux.

De nos jours, grâce à l'essor rapide du tourisme, des formules originales ont pu être trouvées pour financer les coûts de restauration et de conservation de la vieille ville et de ses environs : ceux-ci ne sont pas seulement pris en charge par le budget de l'état, mais aussi par le Bureau historique de la Ville, dont font partie des organismes économiques qui fournissent les sommes nécessaires.

La Plaza de Armas

Bien que la ville conserve les cinq places créées à l'origine de la fondation de la ville, la Plaza de Armas constitue aujourd'hui encore l'accès naturel à la vieille ville. Au début du XVIe siècle, c'est ici que les premiers habitants fondèrent San Cristóbal de La Habana, face à la confluence de la vaste baie et du canal naturel la reliant à la mer. La Plaza de Armas est donc la plus ancienne place de La Havane. C'est dans ses environs que les premiers habitants vécurent leur existence hasardeuse.

À une extrémité du côté oriental de la place se trouve El Templete, un petit édifice néoclassique édifié en 1828 à l'emplacement où en 1519, à l'ombre d'un gigantesque fromager, fut célébrée la première messe et se réunit le premier *cabildo* (conseil municipal).

Au centre de la Plaza de Armas s'élève la statue de Carlos Manuel de Céspedes, surnommé le Père de la Patrie pour avoir été l'un des promoteurs de la lutte armée pour l'indépendance nationale.

Les éventaires des bouquinistes font partie de l'atmosphère habituelle de la Plaza de Armas.

Parmi les construction coloniales proches de la Plaza de Armas, El Templete fut construit pour commémorer la première messe et le premier conseil municipal de la ville. Sur cette photographie, il est en cours de restauration.

La Plaza de Armas est entourée d'importants édifices datant de l'époque coloniale. Parmi ceux-ci, le Palacio del Segundo Cabo. De nos jours, des bouquinistes et des artisans sont installés devant son porche ombragé.

Depuis la Plaza de Armas, vers le nord, on aperçoit le Palacio del Segundo Cabo, construit en 1772 comme Real Casa de Correos ou édifice des postes royales.

La petite cour intérieure du Palacio del Segundo Cabo est entourée d'arcades surbaissées reposant sur des colonnes et des piédestaux, dans un style architectural d'influence andalouse.

Depuis la construction de cet élégant monument néo-classique, qui contient des peintures murales du peintre français Jean-Baptiste Vermay représentant l'inauguration du Templete et la première messe, les Havanais ont toujours fait pousser un fromager à cet emplacement ; chaque année, le jour de commémoration de la fondation de la ville, les habitants font trois fois en silence le tour de l'arbre et prient saint Christophe, patron de La Havane, d'exaucer trois de leurs désirs les plus chers.

À l'origine la Plaza de Armas s'appelait Plaza de la Iglesia, ou place de l'église, car conformément à la coutume des villes fondées pendant la colonisation espagnole c'est là que se trouvait l'église paroissiale, dans le quartier habité par les principales personnalités de la ville, même si à cette époque les demeures n'étaient que d'humbles *bohíos*, des huttes primitives semblables à celles des aborigènes.

L'endroit changea de nom à la suite de la construction du château fort de la Real Fuerza, un des principaux édifices que l'on peut voir autour de la place. Parce que la garnison du château utilisait fréquemment cette place pour ses exercices et ses manœuvres, vers 1580 le peuple commença à la baptiser Plaza de Armas, place d'armes.

Il fallut encore beaucoup de temps pour que la place ait son aspect définitif ; c'est dans le dernier tiers du XVIIIe siècle, après la prise de La Havane par les Anglais, lorsque l'île connut un impressionnant essor économique et que changèrent les fonctions de la Couronne, que l'endroit fut orné de fontaines, d'arbres et de fleurs.

C'est à cette même époque que dans les rues environnantes furent construits les édifices monumentaux qui symbolisent le pouvoir colonial espagnol : le Palacio de los Capitanes Generales (siège du gouvernement) et le Palacio del Segundo Cabo (siège du vice-Capitán General, dignité comparable à celle de maréchal), tous deux parfaitement conservés.

Depuis lors, tant les chroniqueurs que les voyageurs nous ont laissé de fréquents témoignages de l'impor-

L'accès de l'escalier principal, à l'extrémité de la cour intérieure du Palacio del Segundo Cabo, fut conçu pour donner une impression de profondeur.

L'arc d'entrée de l'escalier principal du Palacio del Segundo Cabo.

Vue partielle de la façade du Palacio de los Capitanes Generales. Commencée en 1796, elle ne fut achevée qu'en 1834. On remarquera la terrasse, scandée par des colonnes, avec sa balustrade de fer.

tance de la Plaza de Armas comme lieu de rencontre à l'époque coloniale.

D'élégants coches y promenaient les dames de l'aristocratie havanaise, tandis que les hommes déambulaient dans le parc et s'asseyaient sur les bancs pour les regarder passer.

C'est de cette époque que datent les gravures qui en 1935 servirent de modèle pour la restauration qui rendit plus ou moins à la place l'aspect qu'elle avait en 1841.

De nos jours, lorsque l'on se promène sur la Plaza de Armas, on y retrouve la disposition et les édifices d'antan et on y peut écouter les concerts que donnent des orchestres dans les lieux mêmes où avaient lieu les parades militaires. Dans les environs de la place passent encore des calèches conduites par des chauffeurs en uniforme, et de temps à autre de jolies femmes habillées à la mode du début du siècle traversent le parc.

Palacio del Segundo Cabo

Le Palacio del Segundo Cabo, nom sous lequel cet édifice est connu depuis le siècle dernier, fut construit vers 1772 dans un style baroque très mesuré qui annonce de toute évidence le néoclassicisme. Situé sur le côté nord de la place, sur un côté du château fort de la Real Fuerza, il vit le jour comme Real Casa de Correos ou édifice des postes royales. Il abrita ensuite la Real Intendencia de Hacienda, ou intendance royale des finances, puis, à la fin de l'époque coloniale, devint en 1854 la résidence du dénommé Segundo Cabo ou brigadier en second.

De nos jours, c'est le siège de l'Instituto Cubano del Libro. Lorsque s'ouvre le majestueux portail flanqué d'élégants piliers, on peut admirer une petite cour carrée ornée d'arcades, de colonnes et de piédestaux qui trahissent l'influence andalouse.

Palacio de los Capitanes Generales
(Museo del la Ciudad)

Le Palacio de los Capitanes Generales fut construit quelques années plus tard, dans la même pierre calcaire locale que le Palacio del Segundo Cabo et dans un style architectural volontairement semblable.
L'édifice, autrefois le siège du gouvernement, dont la façade et une grande partie de l'intérieur trahissent l'influence d'un baroque d'influence classique, occupe à présent tout le côté occidental de la Plaza de Armas. C'est de nos jour le siège du Musée municipal et du Bureau Historique de La Havane. Le musée n'est pas à proprement parler un musée de la ville mais retrace l'histoire de Cuba dans le cadre splendide de l'ancien palais des gouverneurs espagnols ; c'est depuis son balcon que ceux-ci assistaient aux parades nocturnes sur la place, au faîte de sa gloire à l'époque où furent construits ses deux principaux édifices.

La statue de Christophe Colomb, une œuvre du sculpteur italien Cucchiari, fut placée en 1862 dans la belle cour intérieure du Palacio de los Capitanes Generales.

Les arcades de style baroque qui caractérisent la cour centrale du Palacio de los Capitanes Generales.

Avec ses sièges à médaillons de style élisabéthain, cannés pour les adapter au climat cubain, cette salle du Musée municipal en style XIXe donne une idée du style de vie de l'aristocratie créole.

Cette salle, connue sous le nom de Salle de musique, était l'antichambre de la salle principale du Palacio de los Capitanes Generales. On peut voir les armoiries de la monarchie (au premier plan) et celles de la ville. Sur la table au centre, deux vases de porcelaine de Meissen datant du XVIIIe siècle.

Salon vert. C'était autrefois l'antichambre du bureau public des Capitanes Generales. Les meubles et le tapis sont d'origine.

Salle principale. Les miroirs vénitiens, des originaux datant du XIXe siècle, furent témoins d'évènements importants, dont la fin de la domination espagnole en 1899 et la prise de pouvoir du premier président de la République en 1902.

Guéridon du XIXe siècle avec les représentations de Napoléon et de ses généraux. Ce meuble provenant de la résidence Kuquine, propriété du dictateur Fulgencio Batista, se trouve à présent dans le Musée municipal.

Salle du trône dans le Palacio de los Capitanes Generales, destinée à la Couronne en signe de respect et de soumission ; mais aucun monarque ne visita jamais Cuba. Dans cette salle, le Capitán General avait l'habitude de donner de petites réceptions.

Dans le Musée municipal sont exposés des meubles d'osier, arrivés à Cuba à la fin du XIXe siècle, et des exemplaires Art nouveau datant du début du XXe.

La pièce connue sous le nom de salon de café, une boisson fort importante dans la vie des familles cubaines. La vitrine sur la droite contient des éventails réalisés en matériaux de grande valeur : corail, ivoire, améthystes, émeraudes.

Salle de bains du Palacio de los Capitanes Generales. Des deux grandes baignoires de marbre de Carrare, une est d'origine. Les paravents sont également des pièces de grande valeur.

La 1ère Salle des drapeaux, dans le Musée municipal.
Les trois drapeaux les plus importants de l'histoire de
Cuba et ceux des pays qui soutinrent sa lutte pour
l'indépendance. On voit aussi le harnais qui appartint à
Máximo Gómez et l'une des machettes avec lesquelles
combattit Antonio Maceo, souvenirs de deux des
principaux héros de la patrie.

Un des nombreux trésors du Musée municipal, le
drapeau brandi en 1868 par Carlos Manuel de
Céspedes à La Demajagua, au début de
la Guerre de Dix ans.

La 2ème Salle des drapeaux, dans le Musée municipal. À droite on peut voir les étendards de combat de l'armée mambí ; à gauche, ceux des associations patriotiques qui soutinrent de l'extérieur la lutte cubaine. Dans les vitrines, souvenirs des personnages illustres de la Guerre d'Indépendance.

Au fond de la 2ème Salle des drapeaux on peut voir La Mort de Maceo, un tableau à l'huile du peintre Armando Menocal.

Tableaux à l'huile représentant des patriotes de la Guerre d'Indépendance, dans le Musée municipal. Cette collection d'œuvres de Federico Martínez date du début du XXe siècle et compte 110 portraits.

Les parasols des artisans qui vendent leurs marchandises originales sur les pavés séculaires de la place de la cathédrale.

Le flanc de la plus grande église de La Havane ne le cède en rien à son impressionnante façade baroque.

Le célèbre écrivain cubain Alejo Carpentier disait de la façade de la cathédrale que c'était "de la musique faite pierre". Cette photographie montre bien le rythme onduleux des murs, des colonnes et des corniches entourant le portail central.

La cathédrale et sa place

L'expansion de l'architecture de Cuba et de La Havane coloniale fut longtemps liée au type d'économie mise en œuvre par la domination espagnole dans l'île, lorsqu'il fut clair que celle-ci n'offrait ni or ni pierres précieuses.

Pendant une longue période, Cuba eut une économie autarcique, à l'exception de La Havane dont les principales ressources provenaient du commerce incessant des grandes flottes de navires bien équipés qui assuraient la liaison entre le Nouveau Monde et les principaux ports espagnols.

En raison de cette fonction de la capitale et de la menace constante des pirates et des corsaires au service des puissances européennes, aux XVIe-XVIIe siècles les principaux investissements furent faits dans un but défensif, tandis que les constructions religieuses ne revêtaient pas autant d'importance que dans d'autres pays d'Amérique latine.

Du fait de l'extinction quasi totale de la population aborigène, les Espagnols n'eurent pas à convertir des multitudes à la foi chrétienne, pas plus qu'il ne leur fut nécessaire d'ériger de fastueux symboles du pouvoir religieux.

D'autre part, les possibilités économiques étaient fort limitées au cours des premiers siècles, ce qui entraîna la construction d'édifices modestes.

La première église de La Havane fut une hutte. Et lorsqu'elle devint une véritable construction, bien qu'encore modeste, elle fut incendiée le 10 juillet 1555, avec le reste de l'agglomération, par le corsaire français Jacques de Sores. Elle ne fut reconstruite qu'en 1574, mais encore alors, comme nous en informent les témoignages de l'époque, elle ne comptait "ni retables, ni livres, ni ornements, ni cloches".

Elle fut reconstruite et agrandie vers 1666 et dédiée à saint Christophe, saint patron de la ville ; lorsque furent fondées les paroisses dites del Espíritu Santo, del Cristo, del Buen Viaje et del Santo Ángel Custodio, elle prit le nom de Parroquial Mayor ou église paroissiale principale.

Cette position hiérarchique ne lui valut aucun embellissement, et on affirmait même que "son extérieur était si ordinaire qu'elle semblait une maison quelconque et non pas certes la maison de Dieu". Mais le 30 juin 1741, la foudre tomba sur la soute aux poudres du navire *Invencible*, ancré dans le port, produisant une explosion qui endommagea de nombreux édifices de la ville, y compris la Parroquial Mayor.

Celle-ci fut démolie pour faire place sur la Plaza de Armas au Palacio de los Capitanes Generales. Le 9 décembre 1777, le titre de Parroquial Mayor passa à une église que les Jésuites avaient commencé à construire sur la place et qui leur fut confisquée lorsque l'ordre fut expulsé d'Espagne et de ses possessions. L'église devint une cathédrale et, à la suite de travaux de reconstruction et de transformation entrepris en 1788, sa petite place prit son nom définitif, en même temps qu'elle gagnait en importance et en caractère.

L'église est à plan rectangulaire et mesure 34 mètres sur 35 ; elle est partagée intérieurement en trois nefs par d'imposants piliers et compte huit chapelles latérales. Son sol est fait de dalles de marbre noir et blanc. Parmi ses chapelles les plus intéressantes, celle de Notre-Dame de Lorette, fort ancienne puisqu'elle fut consacrée en 1755, bien avant que l'église ne devienne une cathédrale, et celle dite du Sagrario, du tabernacle, qui correspond à la paroisse attenante à la cathédrale.

Les sculptures et les ouvrages d'orfèvrerie du maître-autel, ainsi que son tabernacle de marbres et métaux précieux, sont en majorité des œuvres de l'artiste italien Bianchini, réalisées en 1820 à Rome sous la direction du célèbre sculpteur espagnol Antonio Solá.

Derrière le maître-autel on peut voir trois grandes fresques du peintre italien Bianchini ainsi que des tableaux de Jean-Baptiste Vermay.

Pour mieux comprendre la mise en valeur, au cours des siècles, de la façade de la cathédrale, rappelons les termes de Joaquín M. Weiss, un éminent historien de l'architecture cubaine : "Stylistiquement parlant, cet édifice surpasse n'importe laquelle de nos architectures baroques".

Dans un de ses plus célèbres ouvrages, Weiss attire l'attention sur la corniche surmontant le portail principal, avec ses sinuosités qui expriment toute la liberté et la fantaisie avec lesquelles fut conçu cet édifice.

En somme, la cathédrale constitue pour les Cubains actuels le symbole spirituel et culturel de leur passé et la synthèse la plus significative de l'architecture coloniale du pays.

L'un des édifices coloniaux qui entourent la place de la cathédrale. Il s'agit de l'ancienne demeure du marquis d'Aguas Claras, qui de nos jours abrite El Patio, un bar-restaurant.

Vue de la coupole de la cathédrale depuis la nef centrale, avec le maître-autel.

Le maître-autel de la cathédrale de La Havane, orné de sculptures et d'ouvrages d'orfèvrerie exécutés à Rome en 1820.

On ne s'étonnera donc pas qu'avec les édifices qui l'entourent et la cathédrale qui occupe tout son côté septentrional la place soit souvent considérée comme la réalisation la plus représentative de la vieille ville.
Sur cette place, comprise entre la calle de San Ignacio et la calle Empedrado, débouche le Callejón del Chorro, souvenir de l'époque où des sources jaillissaient à cet endroit et où coulait la Zanja Real, alimentant en eau tant la population que les navires.
Sur l'un des murs de cette ruelle, on peut encore lire une plaque rappelant que *Aquesta agua traxo el Maestre de Campo Ivan de Texeda. Anno de 1592* (cette eau fut amenée par le mestre de camp Ivan de Texeda en 1592).
Les demeures seigneuriales qui donnent son caractère à la place sont semblables aux édifices civils coloniaux que l'on retrouve un peu partout dans la vieille ville ainsi qu'ailleurs à l'intérieur du pays.
Dans l'ensemble ce sont des constructions d'inspiration mauresque, aux façades ornées de portails, de fenêtres et de balcons monumentaux. Elles sont pour-

vues de vastes vestibules et généralement d'une cour intérieure entourée d'arcades surmontées de petits toits.

Ces habitations furent construites comme de monumentales forteresses. Leurs intérieurs étaient conçus pour le plus grand confort de leurs occupants et le meilleur fonctionnement du service. À l'angle entre les calles Empedrado et de San Ignacio, tout près de la cathédrale, se trouve l'ancien palais du marquis d'Aguas Claras, qui de nos jours abrite le restaurant El Patio, de la terrasse duquel on peut admirer de près la partie supérieure de la façade de la cathédrale.

Le côté méridional de la place est occupé par l'édifice qui appartenait autrefois à don Luis Chacón, gouverneur de l'île. Dans cette demeure, construite au XVIIIe siècle, on peut admirer certains des plus beaux plafonds à caissons de toute la vieille ville.

En parfaite harmonie avec l'atmosphère de la place, cet édifice abrite le Musée d'Art colonial, dans lequel sont exposés des meubles, des lustres, des porcelaines et d'autres œuvres d'art typiques du goût et des mœurs de cette époque. À gauche en sortant de la cathédrale se trouve le palais, construit dans le premier quart du XVIIe, qui au XIXe siècle fut la propriété du comte de Lombillo. De nos jours, cet ancien édifice est le siège du Musée de l'Éducation, où l'on peut voir entre autres des témoignages plein de vie de la campagne d'alphabétisation qui en 1961 s'étendit à l'ensemble de la population cubaine.

À côté, avec l'entrée sous le même porche, se trouve la demeure du marquis d'Arcos, une typique construction coloniale qui de nos jours abrite l'Atelier expérimental d'Arts graphiques.

Aujourd'hui encore, des centaines de touristes et de Havanais visitent quotidiennement la place de la cathédrale pour sa beauté et l'atmosphère joyeuse que l'on y respire.

Depuis le restaurant El Patio on peut entendre les petits orchestres qui jouent les airs harmonieux de la musique traditionnelle cubaine et non loin de là, dans la Bodeguita del Medio, résonne l'écho des guitares des troubadours.

Ce dernier restaurant, spécialisé dans les plats créoles et célèbre dans le monde entier pour son Mojito, un cocktail à base de rhum, de menthe et de citron qui était l'une des boissons préférées d'Ernest Hemingway, est un lieu de halte traditionnel avant ou après une visite de la place de la cathédrale.

Sur la place, à l'opposé de la cathédrale, se trouve l'édifice qui de nos jours abrite le Musée d'Art colonial du Bureau historique de la Ville ; sa visite donne une idée du goût et des coutumes de l'époque.

La belle cour centrale du Musée d'Art colonial, entourée de galeries d'arcades. On remarquera les arcs surbaissés de l'étage inférieur, absents dans le haut.

Autres édifices religieux

Des nombreux édifices religieux qui furent construits dans la vieille ville, nous mentionnerons ici une dizaine des plus importants.

En 1574, une petite communauté de moines franciscains s'installa à La Havane, et dix ans plus tard elle entreprit la construction de l'église Saint François d'Assise et de son couvent.

L'église et le couvent, dans les actuelles calle de Oficios et calle Brasil (Teniente Rey), furent reconstruits et agrandis pendant près de deux siècles, jusqu'à atteindre en 1738 leur aspect actuel.

Situé à proximité des quais et entouré d'une place de forme irrégulière, l'édifice franciscain fut pendant longtemps l'église la plus élégante de La Havane co-loniale, avec sa curieuse tour oblongue, la plus haute de toutes celles de la ville.

Depuis 1841, lorsque le gouvernement espagnol saisit les biens des communautés religieuses, l'église a eu diverses fonctions, généralement fort éloignées de l'esprit dans lequel elle avait été construite. Actuellement la basilique mineure accueille, en raison de son excellente acoustique, une salle de concerts de musique de chambre.

On admirera en outre ce qui reste de l'église de Paula, à laquelle était autrefois annexé un hôpital de femmes et qui constitue un intéressant vestige de construction coloniale cubaine.

Située sur une petite rotonde, également très près de la baie et à l'intersection des rues Leonor Pérez (Paula), San Isidro et San Ignacio, ce vénérable édifi-

L'ameublement de fauteuils à médaillons d'un salon XIXe. Sur la gauche, meuble de style Louis XVI. Sur la table, l'arbuste de coquillages marins a été réalisé par les pensionnaires d'une prison ou d'un couvent. Lustre de cristal français.

Chambre à coucher dont l'ameublement date de la seconde moitié du XIXe siècle. On remarquera le berceau de bronze et le lustre d'opaline.

Salle à manger du XIXe siècle. Dans la vitrine du buffet, à droite, on peut voir de la vaisselle bourgeoise créole d'époque.

ce religieux s'offre aux regards des automobilistes pris dans la circulation dense du quartier.

Sa coupole, de style baroque préchurrigueresque, est particulièrement intéressante. Dans l'église sont conservées les cendres du grand violoniste cubain Claudio José Brindis de Salas, et l'hôpital attenant fut le théâtre de certaines des pages les plus dramatiques du premier roman cubain, *Cecilia Valdés*, un ouvrage de Cirilo Villaverde.

Parmi les autres édifices religieux de la vieille ville, mentionnons le séminaire de San Carlos y San Ambrosio, qui date du deuxième quart du XVIIIe siècle, avant la reconstruction de la cathédrale.

Pour ce qui de son extérieur, les spécialistes ne s'attardent que sur son portail, mais ils attirent en revanche l'attention sur sa grande cour intérieure bordée d'arcades et sur ses portes et les intéressantes grilles de bois sculpté de ses fenêtres.

Outre son indiscutable intérêt architectural, le séminaire fut longtemps, à l'époque coloniale, un important centre d'éducation laïque qui forma la culture et la conscience nationale de beaucoup d'hommes illustres et de patriotes remarquables.

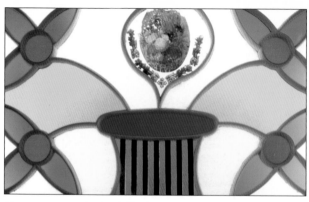

Une réalisation typique de l'artisanat créole sont les carreaux de verre qui ornent vers l'extérieur la partie supérieure des portes et des fenêtres et laissent passer une lumière tamisée. Cette lunette à décalcomanies datant de la fin du XIXe siècle est réalisée en cristal translucide et poli.

Un autre exemple de réalisation verrière créole ; à la différence des vitraux réalisés en verre et plomb, il s'agissait d'un travail en cloisonné de verre et de bois. Cette lunette à décalcomanie est elle aussi du XIXe siècle et exécutée en cristal translucide et poli.

Jardinière avec son socle.

L'art verrier cubain, né au milieu du XVIIIe, fut actif jusqu'à la fin du XIXe siècle. On en voit des exemples partout dans le pays dans les maisons de la moyenne bourgeoisie et de l'aristocratie. Cette lunette ornait une maison de la seconde moitié du XIXe siècle.

Dans le Musée d'Art colonial on peut voir cette jardinière en porcelaine anglaise datant du début du XIXe siècle.

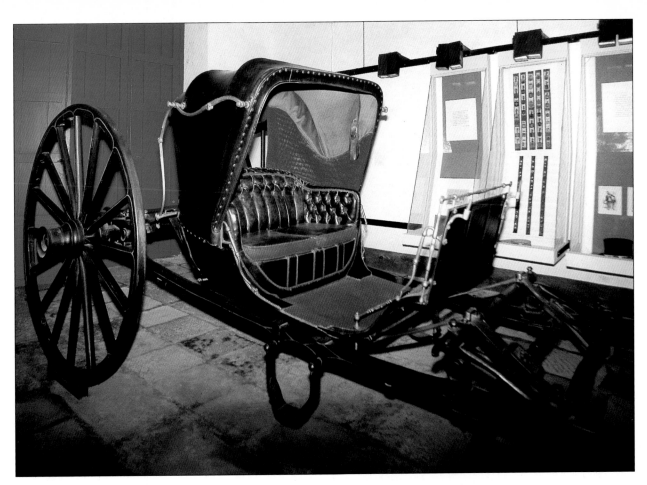

Au XIXe siècle, le principal moyen de locomotion était le cabriolet à traction animale. Cet exemplaire de fabrication cubaine est exposé dans le Musée d'Art colonial.

Vue de face du cabriolet conservé dans le Musée d'Art colonial. On admirera sa beauté et l'élégance de sa facture.

Au début de la vie de l'existence de La Havane, la Plaza de San Francisco était le marché public. On en trouve mention avant 1559.

La construction de l'église San Francisco commença en 1584. Reconstruite en 1738, l'église, avec le couvent attenant, est étroitement liée à l'histoire de La Havane.

L'église de Paula, sur l'Avenida del Puerto, est une construction typique du style baroque cubain de la première moitié du XVIIIe siècle.

L'édifice du Séminaire de San Carlos y San Ambrosio fut pratiquement reconstruit pendant les années cinquante de notre siècle, dans un style parfois qualifié de néobaroque cubain.

Au centre de la Plaza de San Francisco fut érigée en 1836 la splendide Fuente de los Leones ou fontaine des lions. C'est une œuvre du sculpteur italien G. Gaggini, auquel on doit également la célèbre Fuente de la India ou de la Noble Habana.

La façade du séminaire de San Carlos y San Ambrosio rappelle beaucoup celle de la cathédrale sans toutefois en avoir la majesté.

Vue d'ensemble du Castillo de la Real Fuerza, la première forteresse militaire construite à Cuba et l'une des premières d'Amérique.

Une vue des fossés du Castillo de la Real Fuerza, très influencé, tout comme les autres châteaux forts havanais d'époque coloniale, par les architectures de la Renaissance.

La tour du Castillo de la Real Fuerza, surmontée par La Giraldilla, symbole de La Havane.

Importantes forteresses de La Havane

Les trésors que La Havane accumula à l'époque de son essor économique grâce à l'importance stratégique de son port ne manquèrent pas d'attirer la convoitise des pirates, des corsaires et des flottes de puissances européennes, en guerre des siècles durant avec l'Espagne à laquelle ils disputaient ses zones d'influence en Amérique.

Le danger qui menaçait La Havane devint évident peu de temps après la fondation de la ville, lorsque les premiers habitants subirent des occupations et des saccages, en particulier lorsqu'en 1555 le redoutable Français Jacques de Sores détruisit par le feu tout ce qu'il trouvait sur son chemin.

La Couronne comprit alors la nécessité de doter la ville de défenses militaires capables de résister aux attaques, et elle entreprit de la fortifier.

Castillo de la Real Fuerza

La première de ces constructions militaires, commencée en 1558 et achevée en 1577, fut érigée sur un côté de la Plaza de Armas, probablement parce que c'était la partie de la ville la plus peuplée, où vivaient certains de ses habitants les plus illustres. Son large fossé, son aspect de château médiéval avec son pont-levis et son épaisse enceinte polygonale de murs de pierre de taille donnent l'impression d'un édifice inexpugnable.

Mais assez vite le Castillo de la Real Fuerza s'avéra incapable de soutenir l'assaut ennemi. Son emplacement peu stratégique et son manque de moyens de combat suscitèrent d'emblée de nombreuses critiques, tout comme la composition de sa première garnison. Celle-ci constituait en effet un creuset de cultures, ce qui au cours des siècles suivants devait devenir l'un des éléments caractéristiques de l'identité nationale cubaine : des 50 hommes de cette première compagnie, 19 étaient nés au Portugal, deux des artilleurs étaient flamands et un allemand et le premier tambour était un vieil esclave noir.

À cette typique construction fut ajoutée, entre 1630 et 1634, sur l'un des points les plus élevés, une petite tour au-dessus de laquelle fut placé cet éternel symbole de La Havane qu'est *La Giraldilla*, une statue de bronze modelée et fondue en 1630 par l'artiste havanais Gerónimo Martín Pinzón, qui représente une femme scrutant l'horizon en direction de la mer telle une sentinelle.

En dépit de son inutilité militaire, l'édifice ne fut jamais démoli, malgré les nombreuses tentatives faites en ce sens. Pendant l'époque coloniale, il finit par être aménagé en caserne et en bureaux, et au cours du XXe siècle est devenu le siège de différentes institutions. Le château est actuellement le siège du Musée national de la Céramique artistique.

En dépit de son peu d'importance militaire, l'édifice figure dans les armoiries accordées à La Havane par le roi Philippe II lorsqu'en 1592 il lui conféra la qualité de ville.

Tout d'abord installée comme girouette en 1630, la Giraldilla *originale fut emportée par un ouragan qui s'abattit sur La Havane en 1926. À présent conservée dans le Musée municipal, elle a été remplacée par une copie sur la tour du Castillo de la Real Fuerza.*

Une vue frontale du Castillo de la Real Fuerza avec le pont-levis. L'édifice est actuellement le siège du Musée national de la Céramique artistique.

L'esplanade devant l'entrée du Castillo de la Real Fuerza, avec des canons de différents calibres et portées, fabriqués aux XVIIIe-XIXe siècles.

L'escalier menant aux terrasses crénelées où se trouvaient les pièces d'artillerie du Castillo de la Real Fuerza.

Castillo de los Tres Reyes del Morro

Il figure également sur les armoiries de la ville. Le Castillo de los Tres Reyes del Morro, la deuxième des forteresses construites à La Havane, fut achevé en 1630 au terme de 41 ans de travaux.

L'ingénieur italien Giambattista Antonelli fut chargé de l'édifier sur un promontoire de pierre qui clôt la baie vers le nord. L'endroit offrait une vue excellente sur la mer et se trouvait en avancée par rapport au château fort de la Fuerza Real ; en outre, cette forteresse disposait d'un meilleur équipement militaire, toutes choses qui faisaient penser qu'une fois ce nouveau château terminé la ville serait imprenable.

Néanmoins, un siècle plus tard, à l'aube du 6 juin 1762, la flotte britannique, après s'être réorganisée sur la péninsule de Floride, apparut à l'horizon, faisant cap droit sur La Havane, dans l'intention évidente de s'emparer de son territoire. Au terme de 44 jours de siège au cours desquels les habitants de la ville se défendirent farouchement, La Havane tomba aux mains des Anglais. L'attaque finale des Anglais consista à placer des mines entre les pierres du Morro, le dernier bastion de résistance.

En face du Morro, le fort de La Punta date de 1630. Situé à l'extrémité nord du canal de la baie, il permettait de soumettre les navires ennemis à un tir croisé. Vue de l'un de ses bastions.

Vue du Castillo de la Real Fuerza depuis la forteresse de La Cabaña.

Vue panoramique du Castillo de los Tres Reyes del Morro, construit au début du XVIIIe siècle.

La présence anglaise sur l'île dura un an, jusqu'à ce que grâce à la signature d'un accord entre l'Espagne et l'Angleterre les deux Couronnes échangèrent leurs dominations, la première conservant la "fidèle Havane" tandis qu'en terre américaine les Britanniques obtenaient la Floride.

La prise de La Havane par les Anglais ne fut pas seulement un échec pour les forts militaires et le contrôle politique espagnol dans l'île, mais elle signifia aussi, et ce fut sans doute le pire pour à la capitale, une flexibilisation du commerce et des investissements pendant le temps que dura le gouvernement britannique ; le monopole économique espagnol resta à jamais diminué, tandis que les créoles commençaient à se tourner vers d'autres latitudes et à comprendre peu à peu que l'indépendance par rapport à l'Espagne pourrait servir leurs intérêts économiques et politiques à Cuba. L'enseignement amer de cette période où La Havane ne se trouva pas soumise à la poigne de fer du pouvoir colonial espagnol ne devait pas se répéter.

C'est pour cette raison que l'un des premiers objectifs de la Couronne espagnole, une fois rétablie sa domination sur La Havane, fut de reconstruire le Castillo

L'entrée du tunnel percé de meurtrières qui donne accès au Castillo de los Tres Reyes del Morro, et une portion des fossés qui entourent la forteresse.

Le Castillo del Morro et une partie du phare vus depuis la forteresse de La Cabaña.

Le phare du Morro, le plus ancien de Cuba, fut construit en 1845. Il mesure 48,5 mètres de haut et sa portée lumineuse est actuellement de 43,5 milles marins.

Un détail du poste de guet situé à l'extrémité du Baluarte de Austria ou bastion autrichien, l'un des deux principaux saillants du Castillo del Moro. En bas, on voit l'entrée du tunnel percé de meurtrières.

Anciennes casernes à l'intérieur du Castillo del Moro. À l'arrière-plan, le phare et le bord de mer.

del Morro et de fortifier ultérieurement la ville. Dans le Morro, une nouvelle tour fut inaugurée en 1845 sur une colline à 48,5 mètres au-dessus du niveau de la mer. La nuit, les phares de cette tour et de celles qui l'avaient précédée, moins hautes et moins élégantes mais tout aussi utiles, indiquaient aux navigateurs qu'ils approchaient du port et éclairaient le chemin de ceux qui s'éloignaient vers le large.

Salle des jarres : dans ces récipients de terre était entreposée l'huile de colza qui servait à garder le phare allumé pendant toute la nuit.

L'évolution de la cartographie est illustrée dans la Salle des Grands Voyages des XVe et XVIe siècles. Castillo de los Tres Reyes del Morro.

Reconstitution d'un caney, une demeure aborigène dont les murs étaient en branchages et le toit conique en feuilles de palmier. Dans ce rustique habitat, exposé dans l'une des salles du Castillo del Morro, on peut voir un hamac, des outils et des ustensiles ménagers originaux, ainsi que les semíes (idoles) de ces populations primitives.

Vestibule de la Salle des Grands Voyages. On peut y voir d'intéressants exemples de la conception de la géographie à l'époque où l'amiral Christophe Colomb arriva à Cuba.

L'esplanade dite de la batterie des Doce Apóstoles, sur
une hauteur à l'entrée du port.

L'entrée principale du Castillo de San Carlos de La
Cabaña, construit par les Espagnols à la fin du XVIIIe
siècle, après l'occupation de La Havane par les Anglais.
Vue partielle des fossés.

Castillo de San Carlos de La Cabaña

Outre des petits châteaux comme celui d'Atarès et
celui dit del Príncipe, situés à l'intérieur de La
Havane, à côté du Morro fut construite la troisième
forteresse plus importante de la ville et la première
d'Amérique, le château fort de San Carlos de La
Cabaña, achevé en 1774.
"Un ouvrage qui a coûté autant devrait se voir depuis
Madrid" : telle fut, en croire les chroniqueurs, la ré-
flexion du roi Charles III lorsqu'il apprit combien
avait coûté le nouveau château fort de La Havane.
Quatorze millions de douros, une énormité, sortirent
des caisses de la Couronne pour financer la construction du nouvel édifice défensif de la ville, dont la majesté et l'aspect solide ne devaient pas manquer d'im-
pressionner de potentiels ennemis. Et il semble qu'il y
réussit, puisque ses canons sont restés muets depuis
leur mise en place. Tous, à l'exception de celui utilisé
pour la belle cérémonie dite du Cañonazo ou coup
de canon, célébré à partir du XVIe siècle à d'autres
endroits de la ville et qui se déroule aujourd'hui encore à La Cabaña.
On raconte que le célèbre grondement indiquait l'ouverture et la fermeture des portes de la ville et du port ;
la baie était alors close d'un côté à l'autre du canal
par une chaîne aux maillons énormes. Le tir avait lieu

La place d'armes, à l'intérieur du
Castillo de San Carlos
de La Cabaña.

Vue de la principale rue intérieure
de La Cabaña et des anciennes
casernes, actuellement
transformées en salles
d'exposition de céramiques
artistiques, d'histoire militaire et
d'armes anciennes.

Deux des 21 canons de bronze
fondus à Séville au XVIIIe siècle
et destinés à protéger l'entrée de
la baie depuis la forteresse de
La Cabaña.

le matin à 4 heures 30 et le soir à 8
heures, ce jusqu'à l'occupation
américaine, pendant laquelle le
premier tir de canon fut aboli et le
second retardé à 9 heures du soir.
Le grondement si familier aux
Havanais changea d'heure et de
fonction, mais se répéta nuit après
nuit, à l'exception des dernières
années de la Seconde Guerre mondiale (1942-1945), lorsqu'il fut dé-
cidé que Cuba ne devait pas gâ-

L'église du Castillo de La Cabaña.

Poste de guet du bastion nord de la forteresse de San Carlos de La Cabaña.

Parade de cérémonie. Tous les soirs à 21 heures le canon est tiré dans la forteresse de La Cabaña, comme à l'époque où les portes de la ville ceinte de murs se refermaient pour la nuit.

cher de la poudre pour un tir à salve. Le peuple réussit cependant à faire révoquer cette mesure dans nul doute excessive.

De nos jours on peut voir près du Morro la grande forteresse, parfaitement restaurée et conservée, qui abrite à présent le Parque Histórico-Militar Morro-Cabaña, où les visiteurs peuvent revivre l'atmosphère d'autrefois et jouir de vues splendides sur La Havane.

Photographie du commandant Ernesto "Che" Guevara, dans le quartier général établi le 3 janvier 1959 dans la forteresse de La Cabaña, quelques heures après son entrée victorieuse dans La Havane à la tête de sa colonne de guérilleros.

CHE GUEVARA À LA CABAÑA

Che Guevara arrive pour la première fois à La Havane tard dans la nuit du 2 janvier 1959, à bord d'une Chevrolet vert olive et accompagné de jeeps et de camions à bord desquels se trouvent les 400 guérilleros de sa colonne d'invasion. La Révolution cubaine a triomphé et l'Argentin Ernesto Guevara, premier commandant désigné par Fidel Castro dans la Sierra Maestra, a pour mission de s'emparer de la deuxième plus importante forteresse militaire de la capitale, le Castillo de San Carlos de La Cabaña, tandis que son ami et disciple le commandant Camilo Cienfuegos devra s'emparer de la caserne Columbia, quartier général des troupes de la dictature, dont le chef s'est enfui.
La ville, qui depuis l'aube du 1er janvier est aux mains des forces d'insurrection du Movimiento 26 de Julio, est en liesse. Tous veulent faire la connaissance de cet Argentin mythique, à la barbe clairsemée, qui au Mexique s'est allié avec Fidel Castro pour participer à une expédition de 82 hommes prêts à être "libres ou martyrs", tous veulent approcher cet audacieux de 31 ans, au caractère dur, à l'ironie souvent mordante, ce guérillero qui a eu définitivement raison de la dictature dans la ville de Santa Clara.

Mais le Che, qui porte son bras en écharpe depuis la bataille de Santa Clara, se rend directement à la forteresse de La Cabaña. Les sentinelles de l'ancien régime, gardées à vue par les miliciens depuis l'extérieur du camp, craignent pour leur vie, mais n'en restent pas moins en armes et sur la défensive. Sans hésiter, Che Guevara entre à pied dans la forteresse qui cinq mois durant sera son poste de commandement de guérillero au pouvoir. À l'aube du 3 janvier, il réunit les 3.000 soldats et leur parle ainsi : "Vous devrez apprendre la discipline aux guérilleros et apprendre d'eux comment on gagne une guerre".
Dès ce jour, Che Guevara occupe dans La Cabaña un édifice construit à la fin du XIXe siècle qui était la résidence du commandant de la forteresse. Avec le temps, cette vieille construction où le guérillero asthmatique reçoit les visites incessantes de journalistes, de personnalités, d'amis et de compagnons d'armes prendra le caractère d'un lieu sacré ; à la fin des années 1980 elle sera transformée en un musée contenant une riche exposition d'objets ayant appartenu au Guérillero Héroïque, comme les Cubains ont solennement baptisé Che Guevara. Les armes qu'il a utili-

sées dans les montagnes cubaines, dans les forêts du Congo et dans les Andes boliviennes, ses jumelles, l'appareil photographique qui l'accompagna pendant les premières années de la Révolution sont quelques-uns des objets qui retracent la vie de ce personnage désormais symbolique, depuis son enfance et ses voyages de jeunesse en Amérique latine jusqu'aux actions révolutionnaires les plus importantes auxquelles il participa.

Les places et les casernes de La Cabaña ne furent pas seulement le théâtre du bref séjour militaire que fit le Che avant de devenir président de la Banque nationale de Cuba puis ministre de l'Industrie. Pendant les cinq mois où il fut à la tête de la garnison, les espaces de la forteresse furent consacrés à des entreprises révolutionnaires.

Dès son arrivée, Che Guevara créa l'Académie Militaire Culturelle, poursuivant ainsi une activité que malgré ses obligations militaires il avait promue dans la Sierra Maestra, à savoir l'alphabétisation et l'instruction de ses troupes, en grande partie des paysans qui n'avaient jamais fréquenté une école. Il fonda également dans la forteresse les ateliers dits "La Cabaña Libre", où les soldats produisaient artisanalement des objets de première nécessité, et créa le cercle enfantin "Los Barbuditos", où les enfants allaient écouter les histoires des protagonistes de la guérilla et où on leur apprenait à charger et à décharger de vieux fusils lors des modestes fêtes organisées par les nouveaux soldats.

De nos jours, depuis les grandes fenêtres de son bureau, conservé intact dans La Cabaña, on peut admirer La Havane telle qu'elle apparut la première fois à Che Guevara à l'aube du 3 janvier 1959.

Le bureau utilisé par Che Guevara dans le Castillo de La Cabaña pendant les cinq premiers mois du triomphe de la Révolution cubaine.

La Havane extra-muros

Tout comme les anciens fiefs européens, La Havane fut prisonnière d'épaisses murailles construites entre 1667 et 1680 à l'ouest de la ville. Pour les mêmes motifs défensifs qui avaient amené la construction du système de châteaux forts et de fortins destiné à protéger ses côtes, on construisit cette enceinte de pierre qui dès le début du XVIIIe siècle entrava le développement de la ville tandis que sa fonction stratégique militaire diminuait.

La zone située à l'intérieur des murs, à l'époque peuplée de quelque 80.000 habitants, était plutôt petite et il manquait un projet d'urbanisation cohérent, en mesure de répondre aux intérêts et aux exigences d'une ville qui était l'une des plus importantes et pleines de promesses de l'ensemble du continent américain.

L'Alameda de Extramuros, ou promenade hors les murs, une avenue plantée d'arbres attenante à l'enceinte de murs, fut l'un des premières signes que la ville débordait de ses limites. L'après-midi, les Havanais se promenaient par milliers en calèche pour jouir de la brise et de l'ombre. C'est pourquoi, comme l'a raconté en 1760 le premier historien de la ville, les habitants de la ville commencèrent à s'approprier de la vaste zone située à l'extérieur des murs et où jusque-là seules les activités militaires étaient permises.

Une nouvelle ville vit le jour au-delà des murs au cours des XVIIIe, XIXe et

XXe siècles. C'est plus précisément entre 1834 et 1838, du temps du gouverneur général don Miguel de Tacón, un Espagnol, que La Havane eut son premier programme de réformes urbanistiques et architecturales, qui concernait surtout la zone située en dehors des murs. L'une de ces réalisations fut le célèbre théâtre Tacón, inauguré en grande pompe en 1838, tel que le décrit la comtesse de Merlin : "Ce théâtre est à la fois riche et élégant ; [...] La loge du gouverneur est plus grande et mieux décorée que celles du roi partout ailleurs. Seuls les plus grands théâtres des capitales européennes peuvent égaler celui de La Havane pour la beauté des décorations, le luxe des éclairages et l'élégance des spectateurs, qui tous portent des gants jaunes et des pantalons blancs".

Ce théâtre fut l'un des symboles visibles de l'essor économique que connaissait le pays. Dès la fin du XVIIe siècle, grâce à la traite des esclaves, à l'introduction des nouveaux progrès de la science et à l'ouverture de nouveaux marchés, en particulier celui de l'Amérique du nord, Cuba était devenue un important producteur de sucre. Les revenus de cette industrie en pleine expansion vinrent remplir les caisses de la ville et firent bien des nouveaux riches, en majorité des *criollos* ou créoles, nés à Cuba, qui commencèrent à réclamer l'indépendance de l'île.

Devant la nécessité de conserver son hégémonie politique, le gouvernement de l'île représenté par Tacón engagea de nouveaux travaux, afin de prouver par cette magnificence les avantages qu'il y avait à défendre à Cuba les intérêts de l'Espagne. Jusque-là, la plupart des constructions de la vieille ville avaient eu un caractère religieux, militaire ou résidentiel, mais lors des travaux d'agrandissement de La Havane

Le Christ qui domine La Havane. Sculpté dans du marbre blanc de Carrare, il mesure 15 mètres de haut et s'élève sur la colline de La Cabaña, à 79 mètres au-dessus du niveau de la mer.

Vue du bord de mer de La Havane depuis le Castillo de San Carlos de La Cabaña. On reconnaît les coupoles du Capitole et du Palais présidentiel (Musée de la Révolution).

Ce Christ dû à Jilma Madera bénit la ville depuis 1958.

Monument à la mémoire du généralissime Máximo Gómez. On distingue les entrées du tunnel sous la mer qui relie les deux côtés de la baie.

L'entrée principale de l'ancien Palais présidentiel, construit en 1918 et qui abrite actuellement le Musée de la Révolution cubaine.

Face au Palais présidentiel on peut encore voir ce fragment des murailles de La Havane : il s'agit du poste de guet du bastion dit del Santo Ángel Custodio, ou del Ángel.

une profusion de nouvelles réalisations aux fonctions les plus diverses virent le jour : marchés, théâtres, cafés, glaciers, salles de bal, magasins, hôtels, lieux de loisirs, une gare de chemin de fer, des avenues, des promenades, tout un réseau d'installations au service de la population.

De petites usines virent également le jour, fruit de la modernisation constante de l'économie cubaine. De celles-ci, on peut encore voir les manufactures de tabac, un produit qui avait une place d'honneur dans les exportations du pays et qui aujourd'hui encore n'a pas son égal.

Les demeures commencèrent à refléter les différents niveaux de richesse de leurs propriétaires. À côté des luxueuses demeures qui ont donné à La Havane son caractère opulent, on trouvait dans les quartiers éloignés du nouveau centre extra-muros, plus près de ce que l'on appelle à présent la vieille ville, des maisons beaucoup plus modestes qui trahissaient encore l'austérité dont la ville avait souffert au XVIe et au XVIIe.

Le programme mis en œuvre par Tacón fut si vaste que de nombreux spécialistes s'accordent à affirmer que la ville ne connut plus un tel essor jusqu'au siècle suivant, sous la République, avec le gouvernement du dictateur Gerardo Machado.

Au XXe siècle, avec la fin du régime colonial espagnol, le développement de La Havane entra dans une ère nouvelle. Malgré les guerres qu'ils engagèrent contre l'Espagne (1868-78 et 1895-98), les Cubains ne parvinrent pas à une réelle indépendance car, dès que les Espagnols renoncèrent à leur domination, une autre puissance étrangère fondit sur le pays.

En 1898, les États-Unis étaient intervenus dans le conflit hispano-cubain, mais ce ne fut que pour s'assurer un protectorat sur Cuba qui leur permit de jeter les bases d'une nouvelle domination de type néocoloniale qui dura pendant toute la première moitié du XXe siècle.

Outre l'influence qu'ils eurent sur la vie économique, politique et culturelle de l'île, ces évènements laissèrent leur empreinte sur les architectures de la ville.

Par exemple, le style baroque, dominant à l'époque coloniale et considéré comme un symbole du régime espagnol, disparut. La mode fut ensuite aux styles les plus disparates : Renaissance tardive, néobaroque, Art déco à la française ou Art nouveau amené par les maîtres d'œuvre catalans. Au cours des premières années du XXe siècle le néoclassicisme fut également dominant car il rappelait les vertus civiques républicaines inspirées par la tradition romaine, préconisées par la Révolution française et assimilées par ses héritières, les sociétés européennes en expansion et la voisine Amérique du nord.

C'est ainsi qu'à La Havane virent le jour des réalisations monumentales, dont beaucoup à caractère civil, qui présentaient des traits plus spécifiques que dans d'autres capitales et dans certains cas imitaient celles-ci.

La Galerie des glaces, ancienne salle de réception du Palais présidentiel.

Vue des majestueux escaliers de marbre du Musée de la Révolution.

Une salle du Musée de la Révolution, dans l'ancien Palais présidentiel.

Palais présidentiel (Musée de la Révolution)

De tous ceux qui furent destinés à des fonctions gouvernementales, cet édifice inauguré en 1920 est le plus éclectique. Ce fut jusqu'en 1959 le siège du pouvoir exécutif et il revêt une grande importance historique, ayant été en outre le théâtre de l'un des principaux évènements de cette époque.

En 1956, un groupe de jeunes étudiants de l'Université de La Havane attaqua le palais en une tentative d'exécuter Fulgencio Batista et de renverser la dictature.

On peut encore voir les impacts des balles aux murs, ainsi qu'une vaste collection d'objets et de documents ayant trait à l'épisode. Le palais abrite de nos jours le Musée de la Révolution, l'un des plus importants du pays, qui retrace l'histoire de Cuba depuis sa découverte jusqu'à nos jours.

Photographies et documents de l'histoire révolutionnaire du peuple cubain sont exposés dans les salles du musée.

Le Capitole de La Havane. Sa belle coupole de plus de 91 mètres de haut est visible depuis maints endroits de la ville.

Le Capitole de La Havane

Terminé en 1929, il constitue une étonnante construction "à la manière de", quoique l'on y trouve des innovations typiques de la tradition cubaine comme les cours intérieures, semblables à celles des anciennes constructions havanaises, ou encore l'utilisation de précieux bois locaux.

Sous sa grande coupole, centre de tout l'édifice, se trouve la troisième statue plus grande du monde dans un intérieur (17 mètres), une Minerve protectrice, symbole de la République, fondue en bronze. À ses pieds, dans une petite vitrine, un diamant indique - en un rappel évident de l'Arc de Triomphe parisien - le point où commence la Carretera Central, la première route construite à travers l'île à l'époque du gouvernement de Machado.

Les deux ailes latérales symétriques abritaient la Chambre et le Sénat, incarnations de la conception libérale de l'équilibre des pouvoirs. À l'intérieur, on peut y admirer de richissimes éléments ornementaux de styles différents, en une célébration de la République récemment fondée.

Depuis 1962 le Capitole abrite l'Académie des Sciences de Cuba et plus récemment s'y sont installés le ministère de la Science, de la Technologie et de l'Environnement ainsi que d'autres institutions liées au monde de l'information et de la documentation scientifique. L'étage principal de l'édifice, avec ses 15 beaux salons et galeries soigneusement restaurés, est occupé par le Centro Capitolio de La Habana, chargé de faciliter le déroulement de congrès, de foires, d'expositions et de visites de ce majestueux et historique édifice.

L'ancien Centro Gallego, à présent Gran Teatro de La Habana, l'une des plus belles réalisations architecturales de la ville.

La statue de José Martí dans le Parque Central. Ce fut la première statue érigée à la mémoire de ce héros de l'indépendance cubaine.

Centro Gallego (Gran Teatro de La Habana)

Là où au XIXe siècle s'élevait le théâtre Tacón se trouve l'un des plus beaux édifices de La Havane. Le Centro Gallego, de nos jours Gran Teatro de La Habana, dont l'extérieur est l'un des plus ouvragés de la ville, fut construit vers 1912. Avec ses volutes et ses tourelles couronnées d'anges et de muses, le Centro Gallego confère à la zone extra-muros de la vieille ville un caractère fortement cosmopolite et constitue une démonstration éclatante de "ce style qui n'en est pas un et qui à la longue, par un processus de symbiose, d'amalgame, s'érige en une forme particulière de baroque", comme l'a écrit Alejo Carpentier.

Ce brillant romancier cubain, qui avait en outre une formation d'architecte, contribua à la découverte des trésors cachés de La Havane, soulignant des éléments qui, bien que fort évidents, pouvaient échapper à un œil distrait : "peu à peu, de tout ce bariolage, ce mélange, cet emboîtement de réalités très différentes, ont surgi les constantes qui caractérisent La Havane..."

Parque Central

Depuis la fin du XIXe siècle, le Parque Central ou parc central est devenu l'endroit le plus fréquenté par les habitants de La Havane. Situé à la limite de La Havane coloniale et de la ville moderne, cette place plantée d'arbres constitue le début du célèbre Paseo de Extramuros, ou promenade extra-muros. Mais du fait de l'essor rapide que cette partie de la ville a connu au début de notre siècle, il a perdu son caractère "central", et ce bien qu'il représente encore un important point de référence géographique, historique et culturel.

Au centre de cette place aux jardins fleuris, plantés de magnifiques fromagers, se trouvait autrefois une statue de la reine Isabelle II, ôtée à la fin de la période de domination espagnole. C'est ici que fut érigée la première statue à la gloire de l'écrivain et patriote José Martí, héros de l'indépendance cubaine, qui s'y trouve encore aujourd'hui.

Ce petit palais de style éclectique, fortement influencé par le style néocorinthien de la Renaissance italienne, est atypique pour la vieille ville de La Havane. Construit en 1905, il abrite de nos jours le Musée national de la Musique.

Parmi les façades qui donnent sur l'Avenida del Malecón se distingue celle de l'édifice dit "des caryatides", très caractéristique avec son style éclectique à mi-chemin entre le néoclassicisme et l'Art déco. C'est le siège du Centre Culturel espagnol.

L'Hotel Nacional de Cuba, un des symboles havanais et l'un des hôtels les plus beaux et luxueux du pays, fut construit en treize mois seulement en 1930.

El Vedado, de nos jours la partie la plus centrale de La Havane.

La Havane Moderne

Le Malecón de La Havane est la plus vaste esplana-de-avenue au-dessus des eaux du golfe du Mexique. Ce lieu de rencontre de prédilection des Havanais commence face au Castillo de la Real Fuerza et s'étend jusqu'au dénommé Torreón de La Chorrera, une construction militaire datant de 1665 qui se trouve dans la partie moderne de la ville.

Du côté du Vedado, de hauts édifices des années cinquante d'inspiration américaine (de l'Art déco au style monumental moderne) côtoient les demeures éclectiques de la bourgeoisie cubaine du début du siècle.
À partir des années trente et jusqu'à nos jours, cette partie de la ville s'est transformée en un centre ville plein d'attrait, resplendissant de modernité.

El Vedado devenant un quartier de plus en plus peuplé, les familles les plus aisées cherchèrent vers l'ouest des lieux tranquilles et isolés pour y construire leurs maisons. C'est ainsi que virent le jour des zones comme Miramar, où l'on peut voir certaines des architectures cubaines modernes les plus somptueuses de la première moitié de notre siècle.

Dans le Salón de la Fama ou salle de la renommée de l'Hotel Nacional, on peut voir les photographies des personnages célèbres de toutes nationalités qui ont fait des séjours dans l'hôtel.

Hotel Nacional

Dans El Vedado virent le jour les plus grands et luxueux hôtels de La Havane, selon un projet de développement touristique favorisé par la mafia nord-américaine, laquelle comptait transformer le littoral havanais en un grand casino sur le modèle de Las Vegas. L'Hotel Nacional, où des personnages de la pègre internationale séjournèrent et se réunirent à maintes occasions, fut construit en 1930 sur une colline, à quelques mètres du Malecón.

Ce majestueux édifice a conservé sa décoration d'origine. Ses sols et ses plinthes revêtus d'artistiques mosaïques, ses colonnes de marbre et les stucs de ses plafonds, ses pièces de séjour conservées telles qu'à l'époque de sa fondation en font un lieu très particulier.

Dans les promenades et les jardins de cet hôtel, construit en un sobre et élégant style plateresque, se sont promenées de nombreuses célébrités de la politique, de la culture, de la science et du sport mondiaux.

Le monument à la mémoire de José Martí, héros national de Cuba, domine la Plaza de la Revolución. Le mirador qui se trouve au sommet de l'obélisque est le point le plus haut de la ville, à 139 mètres. On y a une vue sur toute La Havane.

À la base du monument se trouve le mémorial de José Martí. Il abrite une exposition permanente sur la vie et l'œuvre de ce héros national de la République cubaine.

Plaza de la Revolución

Dans le mémorial on trouve également des informations sur le tracé et la construction de la place ainsi que sur les principaux évènements dont elle a été le théâtre.

L'une des constructions les plus symboliques et majestueuses de La Havane est le monument à la gloire de José Martí, une construction de marbre gris de 139 mètres de haut. Construit entre 1958 et 1959, cet énorme hommage au héros national cubain domine un lieu historique, la Plaza de la Revolución, théâtre des plus grands cortèges et des principales manifestations politiques du peuple cubain, de nombreux discours de Fidel Castro et, récemment, de l'une des messes célébrées par Sa Sainteté Jean-Paul II.

Les édifices de style monumental moderne qui entourent la place abritent les principales institutions politiques et administratives du pays, ainsi que la Bibliothèque nationale José Martí et le Théâtre national. Face au monument, sur la façade du ministère de l'Intérieur, une gigantesque structure métallique représente le célèbre commandant Ernesto "Che" Guevara.

Le siège de la Bibliothèque nationale José Martí, fondée en 1901. Le style monumental moderne du bâtiment en fait le plus caractéristique de tous les édifices qui entourent la Plaza de la Revolución.

L'édifice où sont concentrés les principaux organes du gouvernement, le Conseil d'État, le Conseil des Ministres et le Comité central du Parti communiste cubain, se trouve derrière le monument à la gloire de José Martí.

Une des plus célèbres représentations du "Che", sur la façade de l'édifice qui au début de la Révolution fut le siège du ministère de l'Industrie dirigé par Ernesto Guevara et abrite à présent le ministère de l'Intérieur.

L'Avenida Paseo, l'une des plus belles et des plus verdoyantes avenues de La Havane. Elle commence au pied de la Plaza de la Revolución et débouche sur le Malecón, face à la mer, après avoir traversé le quartier du Vedado.

HEMINGWAY ET LA HAVANE

C'est presque sans s'en apercevoir que ce géant individualiste, rubicond et infantile, portant des pantalons courts et des lunettes noires, s'installa à Cuba. La Havane, où Ernest Hemingway arriva pour la première fois en 1928 pour s'y reposer pendant 48 heures, devint la seule demeure stable de ce génie littéraire sans cesse en mouvement.

Au cours de séjours plus ou moins prolongés, il finit par passer 22 ans dans cette ville dont curieusement, au grand dam des Cubains, il ne fit jamais la protagoniste de l'un de ses romans.

Ce ne fut pas à proprement parler un coup de foudre entre La Havane et Hemingway. Ses premiers séjours n'avaient apparemment pour but que de pêcher de beaux exemplaires d'espadon ou d'aiguille dans les courant du golfe du Mexique. Ce n'est que plus tard qu'il devint évident qu'il était profondément et durablement lié à l'île, et tout particulièrement à La Havane. En 1954, lorsqu'il reçut le prix Nobel de littérature, il annonça dans un espagnol parfait son intention de faire don de la médaille à Nuestra Señora de la Caridad del Cobre, protectrice de Cuba.

Il ne fit tout d'abord que de brefs séjours dans l'île. Au cours de ses parties de pêche il fit la connaissance des humbles habitant de Cojímar, un petit village de pêcheurs à l'est de La Havane. Parmi ces braves gens, qui finirent par l'appeler "Papa", se trouvaient beaucoup de ses futurs et plus fidèles amis.

À la nouvelle du suicide de l'illustre écrivain, certains d'entre eux, devenus les personnages et les protagonistes de romans comme Le Vieil Homme et la mer et Îles à la dérive, démontèrent les éléments de bronze de leurs bateaux et chargèrent un sculpteur de fondre la statue fort expressive qu'ils placèrent sur la vieille place de Cojímar, face au quai où Hemingway avait l'habitude d'amarrer son yacht, le Pilar. Cette modeste place fut la première au monde à recevoir le nom de place Hemingway.

Dans son testament, "Papa" légua le Pilar, construit en 1934, à un de ses amis pêcheurs, Gregorio Fuentes, qui en avait été le commandant; en 1962 Gregorio en fit don au Musée Hemingway.

Avant de partir en Espagne comme correspondant de guerre au cours de la guerre civile, Hemingway avait à La Havane trois lieux de prédilection: le Floridita, un bar-restaurant aujourd'hui encore mondialement connu pour ses spécialités de fruits de mer et pour son Daiquiri, cocktail que l'écrivain rendit célèbre dans le monde entier ; le restaurant créole La Bodeguita del Medio, où il aimait boire un Mojito en bavardant avec des amis ; et une chambre au dernier étage de l'hôtel Ambos Mundos, situé à quelques mètres de la Plaza de Armas et de la cathédrale de La Havane, qui à son retour d'Espagne devint le refuge dans lequel il préférait écrire.

Mais lorsqu'Hemingway commença à faire de longs séjours à Cuba, l'Ambos Mundos devint un lieu excessivement fréquenté par ses amis et ses admira-

La demeure de la Vigía, à quelques kilomètres de La Havane, transformée en Musée Hemingway, est restée telle que ses propriétaires la laissèrent en 1960.

Dans toute la maison on peut voir au mur les trophées de chasse rapportés par l'écrivain d'Afrique, d'Europe et d'Amérique et qui constituent une caractéristique de la décoration.

teurs. En 1939, sa troisième épouse découvrit un endroit idéal où l'écrivain pourrait achever en paix Pour qui sonne le glas : la "Vigía", une propriété à 15 kilomètres de la ville, à San Francisco de Paula.

Cette demeure avait été construite entre 1886 et 1887 par un architecte catalan. L'édifice, qui au dire de son propriétaire lui-même "ressemblait à un vieux bateau", s'imprégna de la renommée et du mythe d'Hemingway. Celui-ci passait le plus clair de ses après-midi dans le séjour spacieux à lire quelque bon livre, assis dans son fauteuil préféré, la table-bar spécialement conçue pour lui toujours à portée de main.

C'est à la Vigía qu'il écrivit plus de la moitié de ses œuvres et offrit des fêtes tapageuses à des personnalités de Hollywood, des boxeurs, des toréadors, des hommes de lettres et des artistes. Mais Hemingway avait une qualité que les Cubains appréciaient par-

dessus tout : il ne se prenait pas pour un "monsieur". Sa porte était ouverte pour tous ceux qui voulaient le voir ou avaient besoin de lui, aussi humbles fussent-ils.

Lorsque la Révolution cubaine triompha en 1959, malgré les pressions nord-américaines sur Cuba, Hemingway resta dans sa propriété (qui depuis a été transformée en musée) jusqu'à son départ pour l'Espagne en 1960. C'est là qu'il sut qu'il avait une maladie mortelle ; il ne revint jamais dans son île et se suicida aux États-Unis en 1961.

Ce grand "Américain" qui préféra vivre à Cuba, apparemment à l'écart des agitations politiques de l'île, se consacrant aux plaisirs du whisky et de l'écriture, conquit définitivement le cœur des Cubains par l'une des dernières déclarations qu'il fit à un journaliste : "Nous allons gagner. Nous, les Cubains, allons gagner".

La simple salle à manger avec ses meubles rustiques de style espagnol. Comme partout ailleurs dans la maison, on y voit des trophées de chasse : un kudú, un oryx callotis du Kenya, une antilope prong-horn de l'Idaho.

La chambre à coucher d'Hemingway et de son épouse Mary.

La pièce personnelle d'Hemingway, dans laquelle l'écrivain avait l'habitude de travailler et de se reposer. Sur les étagères on peut voir sa machine à écrire Royal. Hemingway écrivait toujours debout.

Dans le jeu d'ombres et de lumières de cette pergola fleurie, on distingue la citerne approvisionnant la maison.

Dans les jardins de la Vigía se trouve à présent le Pilar, l'embarcation qu'Hemingway utilisait pour ses parties de pêche dans le golfe.

À quelques mètres seulement de la cathédrale de La Havane se trouve l'un des meilleurs restaurants cubains, La Bodeguita del Medio. Ses murs couverts par les visiteurs de signatures, de vers et de phrases, son typique mobilier rustique et ses célèbres plats créoles ont fait de La Bodeguita un endroit mondialement connu.

Le bar-restaurant Floridita, l'un des endroits préférés d'Hemingway à La Havane. On raconte que l'écrivain avait l'habitude de dire : "Mon Mojito à la Bodeguita, mon Daiquiri au Floridita".

Une journée de soleil et de bains de mer sur les plages à l'est de la ville.

Une succession d'excellentes plages borde une partie du littoral de La Havane.

Playas del Este

Il est également possible de connaître La Havane et les mœurs de ses habitants en se rendant aux Playas del Este, les plages situées à l'est de la ville, une succession de magnifiques stations balnéaires où il est possible pratiquement tout au long de l'année de profiter d'une mer chaude et transparente et d'un sable merveilleusement fin.

Les installations de Bacuranao, El Mégano, Santa María del Mar, Boca Ciega et Guanabo attirent des milliers de touristes qui peuvent y allier les plaisirs de la plage à ceux du tourisme en ville.

Tout le long du littoral septentrional jusqu'à Matanzas, on trouve en outre plusieurs campings et deux autres excellentes plages, Jibacoa et Arroyo Bermejo, où la beauté des fonds marins est une invitation à la plongée.

CUBA
D'ouest en est

Valle de Viñales

Pinar del Río qui, de l'avis de tous, produit le meilleur tabac du monde, compte certains des paysages les plus beaux et les plus variés de l'île. La zone présente d'intéressants contrastes géographiques : au sud la plaine, avec les principales localités et les champs de tabac, et au nord la cordillère de Guaniguanico, avec les chaînes dites Sierra del Rosario et Sierra de los Órganos.

La Sierra de los Órganos présente un relief complètement différent de celui du reste de Cuba, en particulier dans la Valle de Viñales où se trouvent les dénommés "mogotes", de curieuses formations karstiques en forme de cônes qui constituent les plus anciens phénomènes géologiques du pays puisqu'ils remontent au jurassique inférieur ou moyen. Au pied de ces buttes ont été retrouvés des fossiles de poissons et des os de dinosaures.

Dans ces montagnes peu élevées, mais volumineuses et irrégulières, qui présentent des versants abrupts et des sommets imprécis, certains croient distinguer les formes de gigantesques animaux endormis, d'autres des poignées de rochers venus du ciel, d'énormes coupoles ou des châteaux en ruines.

Depuis le mirador de l'hôtel Los Jasmines, on peut admirer les meilleurs panoramas de la Valle de Viñales, l'un des plus beaux sites naturels de Cuba.

Le paysage de la Valle de Viñales est particulier car ce n'est pas une plaine entourée de montagnes mais une étendue brusquement interrompue par les mogotes.

Les formations karstiques en forme de cônes de Viñales, dites mogotes, constituent une particularité de cette vallée. On ne peut s'empêcher d'y voir des formes d'animaux au repos. Celle-ci par exemple ressemble à un énorme éléphant.

Un paysage digne d'être immortalisé par le pinceau des plus exquis peintres naturalistes. On y trouve un élément typiquement cubain, le palmier géant.

Soroa, l'arc-en-ciel de Cuba

Un peu avant d'arriver à Viñales depuis La Havane, on aboutit à un des lieux les plus beaux de Pinar del Río, qui fut le théâtre d'une histoire passionnante.

À la fin du XVIIIe siècle, Jean-Paul Soroa, un cultivateur de café français qui fuyait la révolution haïtienne, arriva à Cuba ; mais contrairement à ses concitoyens, Soroa alla en direction de l'ouest et s'installa dans un cadre naturel splendide, situé dans la Sierra del Rosario et pratiquement inexploré jusque-là, auquel il donna son nom. En raison des innombrables merveilles naturelles qui s'y trouvent, l'UNESCO a classé ce site réserve naturelle de la biosphère.

L'"arc-en-ciel de Cuba", le surnom que l'on a donné à Soroa, est caractérisé par la présence d'une cascade du fleuve Manantiales. De cette cascade, dite Salto de Soroa, l'eau froide tombe d'une hauteur de 20 mètres dans un petit lac, pour la plus grande joie des visiteurs qui ont gravi 279 marches pour y arriver.

Toujours à Soroa, en remontant les versants de la montagne, on arrive au mirador du Castillo de la Nubes ou château des nuages, où l'on jouit d'un vaste panorama de la Sierra del Rosario. Par temps clair et en aiguisant le regard, on peut arriver à distinguer vers le sud les contours de la Isla de la Juventud ou île de la jeunesse.

Le Salto de Soroa. Autour de la cascade, on trouve des arbres qui peuvent atteindre 35 mètres de haut et des espèces d'oiseaux typiquement cubaines comme le tocororo - l'oiseau national, de la taille d'une hirondelle -, les tomeguines, les rossignols, les cartacubas et le zunzún, le plus petit colibri du monde, mesurant à peine 3 centimètres de long.

Jardin de la maison de Camacho. Ce pont conduit à un mirador qui est le point le plus élevé du jardin d'orchidées.

Le jardin d'orchidées de Soroa

En 1942, un avocat canarien, Tomás Felipe Camacho, acheta, non loin de Soroa, des terres splendides. Il comptait y faire construire une maison, mais de douloureux évènements vinrent le détourner de son projet : sa fille mourut en couches et, peu de temps après, sa femme fut elle aussi emportée par le chagrin. Dès lors don Tomás se consacra, en souvenir de ses amours perdus, à la création d'un impressionnant univers d'orchidées.

Lorsque le site fut achevé en 1952, les frais engagés atteignaient la somme d'un million et demi de pesos (au change du dollar nord-américain de l'époque). Camacho chargea de l'entretien du jardin le technicien japonais Kenji Takeuchi, un homme de très petite taille mais au vaste savoir, auquel dès son arrivée il dit avec émotion : "Derrière chaque orchidée se cache une passion".

Le créateur de ce jardin monumental s'en retourna aux îles Canaries où il mourut en 1961. Il laissait à Soroa plus de 700 variétés d'orchidées plantées sur une surface de quelque 35.000 mètres carrés, à 206 mètres au-dessus du niveau de la mer et dans une zone dotée d'un microclimat, avec des précipitations importantes et une température annuelle moyenne de 23,9 °C.

Après la mort de Camacho, l'endroit fut classé patrimoine national et géré par des institutions scientifiques. Actuellement, l'Université de Pinar del Río est le principal responsable du jardin d'orchidées de Soroa, qui compte 950 variétés provenant du monde entier, avec non moins de 25.000 exemplaires qui fleurissent pour la plupart de novembre à février. Outre les orchidées, on trouve dans le jardin 70 espèces différentes d'arbres, presque toutes exotiques, et quelque 300 sortes de fougères.

Le jardin d'orchidées compte en outre nombre de plantes ornementales, dont des broméliacées de différentes formes et couleurs. À Cuba on les appelle curujeyes.

Les crotons (Codiaeum variedatum) *ornent également les jardins avec leurs feuilles multicolores.*

Parmi les espèces d'orchidées cultivées à Soroa, on trouve la Dendrobium fimbriatum, *originaire de l'Asie tropicale.*

Les collections de plantes ornementales du jardin d'orchidées comptent les Alpineas et d'autres Zingibéracées. Cette photographie montre une Alpinea coccinea.

Cette Zingibéracée est connue à Cuba sous le nom de lirio antorcha (Phaeomeria capitata). *Ses fleurs semblent recouvertes de cire.*

Cueva del Indio

À une époque géologique reculée, la nature calcaire des buttes de la Valle de Viñales et l'érosion des eaux produisirent de grandes cavernes dans cette région, dont celle dite de San Tomás, la plus grande de Cuba avec ses 47 kilomètres. Nombre de ces cavernes sont traversées par des cours d'eau souterrains comme le San Vicente qui coule dans la dénommée Cueva del Indio ou grotte de l'indien, l'une des plus explorées et des plus intéressantes.

Il existe différentes hypothèses quant à l'origine de son nom. Une de celles-ci a trait à la découverte dans la caverne de vestiges d'habitats d'Indiens Guanahacabibes ; l'autre, à la présence d'une roche modelée dont la forme rappelle celle d'un indien agenouillé qui semble fumer.

Découverte en 1920 par des paysans locaux, la caverne est actuellement aménagée pour la visite, et il est possible de suivre environ 250 mètres du cours d'eau à bord d'un petit bateau à moteur ; on appréciera ainsi les formes curieuses de ses parois, sur lesquelles on découvre plusieurs figures grâce à l'éclairage installé dans plus de la moitié de l'espace.

Peinture murale de la Préhistoire

Peindre sur une toile placée sur un chevalet donne des satisfactions et ne comporte aucun risque pour l'artiste. Mais sur la roche de l'une des buttes de la Valle de Dos Hermanas, à Viñales, un artiste cubain nommé Leovigildo González a réalisé une monumentale fresque de 180 mètres de large et 120 mètres de haut, haute en couleur et de style naïf, retraçant l'histoire du monde depuis le dinosaure jusqu'à l'homme et l'évolution géologique de la Sierra de los Órganos, où se trouve cette peinture murale de la Préhistoire.

Beaucoup de mogotes de la Valle de Viñales contiennent certaines des plus grandes cavernes de l'hémisphère nord. Dans une de celles-ci, la Cueva del Indio, coule la rivière San Vicente.

Plus de la moitié des 300 mètres de la Cueva del Indio, éclairée et aménagée et devenue une attraction touristique, peuvent se parcourir à pied et le reste à bord d'un petit bateau à moteur.

Cette énorme peinture naïve sur la roche d'une butte est connue sous le nom de peinture murale de la Préhistoire.

La culture du tabac est un art, développé au cours des siècles pour la fabrication des cigares cubains. L'une des tâches les plus délicates consiste à cueillir sur la plante adulte le genre de feuilles qui donneront les cigares havanais tant prisés.

La production de cigares a toujours été une activité artisanale. De nos jours des milliers de jeunes se préparent à prendre le relais des vieux maîtres du tabac.

Au moyen d'une sorte de cuillère recourbée dite chaveta, l'un des typiques instruments des artisans du tabac, on coupe la capa, à savoir la feuille soigneusement sélectionnée, qui présente l'humidité et la souplesse nécessaires pour "revêtir" le cigare.

Ni trop serré ni pas assez. Dans la fabrication d'un cigare, chaque étape demande une précision extrême.

La dernière phase de la fabrication consiste à sceller la partie postérieure du cigare au moyen d'un rond de feuille découpé à la chaveta. Tout ce qui sort de ces mains expérimentées a fait l'objet des plus grands égards.

Le meilleur tabac du monde

Écouter les Cubains raconter l'"histoire du tabac" équivaut à se soumettre à un récit interminable qui commence à l'époque la plus reculée

sans omettre aucun détail. On comprend ainsi que le tabac fait partie intégrante des origine du pays et de ses habitants.

À en croire Bartolomé de Las Casas, lorsque Christophe Colomb arriva sur l'île de Cuba il rencontra "des hommes qui tenaient un tison et des herbes séchées, roulées dans une feuille, sèche également [...] allumée d'un côté et de l'autre ils aspiraient la fumée produite". Il assurait qu'il avait connu des Espagnols qui étaient déjà amateurs de tabac et qui, "si on leur disait que c'était un vice, répondaient qu'ils n'étaient pas capables d'arrêter".

C'est ainsi que commença la renommée du tabac cubain, cette

plante aromatique qui à la suite de procédés agricoles et manufacturiers aussi longs que délicats se transforme en d'exquis cigares, célèbres dans le monde entier. Les plantations de Vuelta Abajo, le nom que l'on donnait autrefois à Pinar del Río, réunissent les meilleures conditions naturelles pour la culture de ce produit si raffiné.

Les entrepôts de tabac, toujours situés à proximité des plantations, ressemblent à d'énormes huttes. Ce sont des constructions de bois et de yagua (la feuille du palmier géant) dans lesquelles est maintenu le degré d'humidité et de chaleur nécessaire pour la conservation des feuilles. À l'intérieur tout doit être parfaitement en ordre.

Avant d'arriver à la manufacture, la feuille reçoit les soins nécessaires. On voit ici une couturière experte enfilant les feuilles.

Aux différents niveaux de l'entrepôt de tabac on peut voir les tringles faites d'un bois spécial sur lesquelles les feuilles finiront de sécher. Elles seront alors prêtes à partir pour la manufacture.

Pinar del Río est connue comme "la ville des chapiteaux". La plupart des maisons présentent une architecture éclectique où domine l'Art nouveau.

Pinar del Río : la ville des chapiteaux

Pendant le processus de colonisation de Cuba, la seule région où aucune ville ne fut fondée fut l'actuelle province de Pinar del Río ; l'un des principaux motifs fut semble-t-il le faible développement des aborigènes qui habitaient cette partie de l'île à l'arrivée des Espagnols. C'est tout au moins ainsi que Diego Velázquez l'explique dans une lettre envoyée en 1514 au roi d'Espagne Ferdinand II le Catholique : "[...] et ils vivent [...] comme des sauvages, sans habitats, villages ou cultures, ne mangeant que les animaux qu'ils chassent dans les montagnes, des tortues et des poissons [...]".

En raison de son éloignement par rapport aux autres zones de l'île et de l'inexistence de voies de communication, cette région n'atteignit un certain niveau de développement qu'au milieu du XIXe siècle, lorsque commencèrent à se faire sentir les bienfaits de sa propre production de tabac, promue à partir du XVIIe siècle. Le territoire de Pinar dépendit du conseil municipal de La Havane jusqu'en 1774, date à laquelle un décret du capitaine général, le marquis de La Torre, fonda le gouvernement de Filipinas, dont le siège fut établi en 1778 à l'emplacement de l'actuelle ville de Pinar del Río. Ce n'est que plus tard, en 1867, que la capitale de la province actuelle reçut le statut de ville. C'est pour cela qu'à Pinar del Río il n'existe pas un vieux centre colonial comme dans d'autres villes cubaines. On n'y trouve pas moins de magnifiques demeures construites au XIXe et au XXe, qui donnent à la ville un caractère architectural propre, en raison surtout de la beauté et de la variété stylistique de ses colonnes et de ses chapiteaux.

Un édifice remarquable dans son éclectisme typiquement local est le palais de Guash, qui abrite de nos jours le Musée d'Histoire naturelle Tranquilino Sandalio de Noda, ainsi baptisé en l'honneur de l'un des plus célèbres personnages de la province, qui manifesta un grand attachement à sa terre, négligée tout au long de son histoire au point que jusqu'au triomphe de la révolution de 1959 elle était connue sous le nom de Cenicienta de Cuba, la Cendrillon de Cuba. Ce penseur, poète, mathématicien et naturaliste autodidacte né en 1808 nous a laissé dans ses "Lettres à Silvia", publiées par le *Diario de La Habana*, l'une des meilleures descriptions de Pinar del Río de tous les temps : "Je ne te décrirai pas la Vuelta Abajo par un rapport aride et sans âme comme ceux des géographes, ni avec l'emphase romancée et affectée des pseudo-romantiques, mais avec ses couleurs et la simplicité et la clarté qui conviennent à une terre aussi délicieuse et aussi terrible, aussi riche et aussi misérable, avec la passion qui s'empare de ceux qui en parlent." Il continuait : "Suis-moi si tu le désires, et tu verras des us et des coutumes différents ; tu découvriras des oiseaux et des insectes que tu n'as jamais vus, des monts, des rivières, des arbres et des fleurs inconnus, et dans ton enthousiasme face à ce spectacle de la nature dans toute sa splendeur, tu oublieras La Havane."

Parmi les natifs illustres de Pinar del Río on trouve également le père du roman cubain, Cirilo Villaverde, auteur de ce monument littéraire à la gloire de la Cuba du XIXe siècle qu'est *Cecilia Valdés*. Il sentit lui aussi le besoin de consacrer son œuvre littéraire à sa terre d'origine, toujours passée sous silence, et en 1891, trois ans avant sa mort, il publia *Excursión a Vuelta Abajo*, un impressionnant récit de voyage qui décrit magistralement les beautés de sa province.

Ce majestueux édifice situé dans une rue centrale était autrefois un hôtel.

Une des merveilles de l'architecture de Pinar. Cette maison de style néoclassique présente des colonnes à chapiteaux corinthiens.

Cette maison allie les styles classique et néoclassique. On remarquera la beauté et l'élégance de ses colonnes ioniques.

Le palais de Guash, d'un éclectisme marqué, est de nos jours le siège du Musée d'Histoire naturelle Tranquilino Sandalio de Noda.

Matanzas:
l'Athènes de Cuba

Une autoroute en bordure de mer conduit à Matanzas. La province commence juste avant le pont le plus haut de Cuba, considéré comme l'une des merveilles réalisées par les ingénieurs de l'île. Depuis le pont de Bacunayagua, et mieux encore depuis le mirador situé au sommet d'une colline, on jouit d'une vue impressionnante sur la vallée de Yumurí, qui inspira des poètes, des artistes et des troubadours.

Quelques kilomètres plus loin, on voit depuis le haut la ville de Matanzas, qui s'étend au bord de l'une des plus belles baies de l'île. Elle fut fondée en 1693 entre des cours d'eau, d'où les nombreux ponts qui la caractérisent. Au début, Matanzas se développa autour de la Plaza de la Vigía, la première place construite en ville. C'est plus tard, au cours du XIXe siècle, lorsque son économie se développa autour du *matancero* ou abattoir, que furent construits l'élégant théâtre Sauto, de style néoclassique avec des influences de la Renaissance, et les actuels Musée provincial et Tribunal. On remarquera en outre les édifices qui se trouvent sur la seconde Plaza de Armas, de nos jours le Parque de la Libertad.

Sa splendeur culturelle au cours du XIXe siècle a valu à Matanzas le surnom d'Athènes de Cuba.

Avec ses 110 mètres de haut, le pont de Bacunayagua est le plus élevé de Cuba. On y a une belle vue sur la vallée de Yumurí.

La vallée de Yumurí, classée zone protégée, est l'une des plus belles du pays.

Au centre du Parque de la Libertad s'élève depuis 1909 un monument en l'honneur de José Martí réalisé par le sculpteur italien S. Buemi. Parmi les édifices qui entourent la place, on verra l'hôtel de ville, la Maison de la Culture, l'hôtel Louvre, la Pharmacie française et la bibliothèque provinciale.

Pharmacie française

Elle fut fondée à Matanzas en 1882 par le Français Ernest Troilet Lelièvre et le Cubain Juan Fermín de Figueroa, et c'est la seule au monde de ce genre entièrement conservée. Elle a fonctionné comme pharmacie de façon ininterrompue jusqu'en 1964, date à laquelle elle fut transformée en Musée de la pharmacie.

Ornée d'une représentation de la Vierge de l'Immaculée Conception sculptée dans du marbre de Carrare, elle compte encore ses vitrines et ses meubles d'origine, tous en bois précieux et dont les colonnes sont faites d'une seule pièce. 193 pots de porcelaine de Sèvres sont l'orgueil du musée.

Dans l'arrière-boutique, où l'on préparait les ordonnances, pour la plupart à base de plantes médicinales, on peut admirer la table et les livres de formules d'origine. La pharmacie comprend en outre une bibliothèque, avec des centaines d'exemplaires uniques, en espagnol, en anglais, en français et en allemand, ayant trait à la pharmacie, à la médecine, à la chimie et à la botanique.

Dans la cour centrale, sur de hautes étagères, sont entreposés de curieux flacons de verre datant de l'époque où étaient inconnus les couvercles à vis et spécialement fabriqués pour cette pharmacie. Enfin, tant le vestibule que le laboratoire constituent des éléments intéressants de ce musée dans lequel le temps semble suspendu.

Dans les vitrines et les meubles de la Pharmacie française sont conservés de nombreux pots de porcelaine française, dont beaucoup décorés à la main.

L'arrière-boutique dans laquelle étaient préparés les médicaments. La table en bois précieux fut dessinée par le docteur Troilet lui-même.

Dans l'arrière-boutique sont encore conservés les livres contenant plus d'un million de formules originales, ainsi que la Médaille d'or obtenue par une de celles-ci à l'Exposition universelle de Paris en 1900.

Varadero : la "playa azul"

Depuis le XVIe siècle, la péninsule d'Hicacos, longue et étroite, située dans la province de Matanzas, était un magnifique marais salant ; les forêts voisines fournissaient du bois et la mer offrait une pêche abondante. C'est ici que tant la flotte espagnole que les corsaires et les pirates qui sillonnaient les mers se ravitaillaient en sel et mouillaient leurs navires pour les faire réparer.

Les ressources naturelles de cette plage ne furent prises en considération qu'à la fin du XIXe siècle, lorsque des écrivains et des journalistes s'émerveillèrent devant sa beauté et en firent le théâtre de leurs récits de pirates, de trésors et de légendes aborigènes. Une frange de sable incroyablement fin de 20 kilomètres de long, une mer paisible et transparente aux infinies nuances de bleu qui contrastent avec la végétation, sans oublier une température constante tout au long de l'année, attirèrent les dix premières familles de la ville voisine de Cárdenas, qui y fondèrent en 1883 le village de Varadero, encore inconnu du reste du pays.

Les premiers habitants du village, des créoles et des Espagnols enrichis par le développement économique de la zone, y construisirent leurs maisons de vacances. Mais ce n'est que dans les années 1920 qu'à Varadero et sur la côte nord de la péninsule firent leur apparition de belles maisons, souvent construites en bois, dont certaines se sont conservées jusqu'à nos jours. Des personnages de la bourgeoisie cubaine et des millionnaires américains y bâtirent aussi d'impressionnantes demeures, attirés par sa plage splendide et désireux d'en faire un paradis aristocratique à 140 kilomètres seulement de la capitale.

Des années plus tard, en 1961, ces majestueuses résidences, abandonnées par leurs propriétaires, abritèrent des milliers d'analphètes pour ce qui fut l'une des prouesses de la jeune révolution cubaine, la suppression de l'analphabétisme en une seule année.

Aux trois importants hôtels qui existaient à l'époque de la révolution sont venus s'ajouter des dizaines d'autres, sans compter des restaurants, des magasins, des boîtes de nuit qui font de l'endroit le plus important centre touristique de l'île. Cette station balnéaire offre non seulement une mer exquise et une plage de sable fin, mais aussi d'intéressantes visites aux grottes des environs ; on peut y pratiquer des sports aquatiques et nautiques, la pêche, la plongée sousmarine, l'équitation et, depuis peu, le golf sur un excellent terrain de 18 trous.

Varadero : vingt kilomètres de sable fin, sous un ciel limpide et face à une mer calme et incroyablement bleue.

Les raisins du tropique et les cocotiers agrémentent l'une des plus belles plages de Cuba.

Varadero est un lieu très particulier que les touristes du monde entier choisissent pour se reposer.

La péninsule de Zapata

Tous ceux qui rêvent d'un endroit tranquille où pêcher de bonnes truites, plonger dans de profondes grottes ou observer les oiseaux trouveront sur la péninsule de Zapata, au sud de la province de Matanzas, l'endroit idéal pour réaliser leurs rêves.

Cette péninsule, la plus grande de l'île, compte les manglières les plus étendues de toutes les Antilles et un environnement naturel et humain unique à Cuba. Presque toute la péninsule est occupée par la Ciénaga (marécage) de Zapata.

Lorsque la révolution cubaine triompha, l'endroit était pratiquement isolé du reste du pays et ses habitants, qui vivaient de la production de charbon de bois et de la pêche, étaient dans une pauvreté extrême. C'est grâce à cela que sa flore et sa faune se conservèrent pratiquement intactes.

Par la suite, les campagnes de construction de chemins, d'écoles, d'hôpitaux, de maisons et d'autres installations destinées à améliorer les conditions de vie des habitants de la Ciénaga prirent en considération la préservation de l'environnement, et de nos jours la zone est encore hautement écologique. Ses grottes sous-marines, idéales pour la plongée, ses refuges où vivent des espèces propres au territoire (par exemple, on considère que 80% des oiseaux de Cuba vivent ici) et sa légendaire Laguna del Tesoro, sans compter bien d'autres attractions, font du Parc national de la Ciénaga de Zapata la plus importante réserve naturelle de Cuba.

À vrai dire, lorsque l'on songe au marécage de Zapata, ce sont bien d'autres choses qui viennent à l'esprit, à commencer par les crocodiles qui abondaient autrefois dans l'île et firent peur même à Christophe Colomb. L'énorme élevage de crocodiles de Boca de Guamá est considéré comme le plus grand réservoir de crocodiles américains du monde.

La Laguna del Tesoro, avec ses 16 km², est la plus grande lagune naturelle de Cuba. On y trouve le centre touristique Guamá.

La tortue dite jicotea *fait partie de la faune naturelle cubaine que l'on peut voir dans la Ciénaga de Zapata.*

Les marécages de la Ciénaga de Zapata sont un habitat idéal pour les crocodiles.

L'élevage de crocodiles de Boca de Guamá compte plus de dix mille exemplaires d'âges différents.

L'élevage des crocodiles est une importante ressource économique de la Ciénaga de Zapata.

On verra en outre la Laguna del Tesoro, la plus grande du pays ; à en croire les connaisseurs, on y pêche les meilleures truites de mer, qui coexistent avec la grenouille-bœuf, la *jicotea*, une espèce de tortue, la *biajaca* et le *manjuarí*, une sorte de fossile vivant à mi-chemin entre le reptile et le poisson. Une légende veut que la lagune doive son nom au fait que les Indiens, avant les attaques des colonisateurs, préférèrent lancer à l'eau leurs richesses plutôt que de les voir tomber aux mains des Espagnols. Mais à ce jour on n'y a retrouvé aucun trésor.

La découverte de pilotis de bois dont l'ancienneté et la symétrie font penser qu'ils soutenaient de nombreuses huttes des Taïnos (l'un des principaux groupes indigènes) donna l'idée, pendant les années soixante, de construire sur les dix îlots de la lagune le centre touristique Guamá. Des ponts de bois relièrent les îlots et sur l'un d'eux fut construit le village Taína ; celui-ci compte, dans un bel environnement naturel, quelques maisons de bois recouvertes de feuilles de *zamia* (une sorte de palmier) et 25 sculptures grandeur nature représentant les Indiens occupés à leurs tâches quotidiennes, des œuvres de Rita Longa, une artiste cubaine de renom.

Playa Larga et Playa Girón

Tout près de Boca de Guamá, à l'intérieur de la baie des Cochons, on arrive à Playa Larga, une plage aux eaux peu profondes, de quatre kilomètres de long, entourée d'une végétation exubérante et où on trouve un centre international d'observation des oiseaux. Playa Girón, plus petite, située à l'extrémité de la baie des Cochons, fut avec Playa Larga le théâtre, en 1961, de la première défaite militaire de l'impérialisme américain ; c'est en effet sur ses côtes qu'en l'espace de 72 heures à peine échoua l'invasion des mercenaires chargés de renverser le jeune gouvernement révolutionnaire. Le Musée Playa Girón contient des témoignages des combats qui eurent lieu ici.

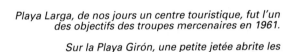

Playa Larga, de nos jours un centre touristique, fut l'un des objectifs des troupes mercenaires en 1961.

Sur la Playa Girón, une petite jetée abrite les installations touristiques.

Le Museo Playa Girón retrace le développement économique et social de la Ciénaga de Zapata et les combats menés contre les invasions mercenaires, à travers des armes prises à l'ennemi, des photos des héroïques victimes et des objets leur ayant appartenu.

Le Parque Martí, classé monument national,
est l'ancienne Plaza de Armas et l'endroit
exact où Cienfuegos fut fondée en 1819.
Au fond on voit l'hôtel de ville.

Cienfuegos: la perle du sud

La crainte d'un soulèvement d'esclaves semblable à celui qui avait eu lieu à Haïti poussa la Couronne espagnole à accroître la population blanche de l'île. Un colonel d'infanterie né à la Nouvelle-Orléans, Luis D'Clouet, proposa au capitaine général José Cienfuegos un "contrat de colonisation" qui prévoyait l'arrivée de 46 colons français provenant de Burdeos pour peupler la péninsule de Majagua.

C'est ainsi que le 22 avril 1819, en l'honneur du monarque espagnol Ferdinand VII, fut fondée Fernandina de Jagua, un village qui devint bien vite la ville de Cienfuegos, en souvenir du capitaine général qui avait accepté l'idée de la colonisation.

Aujourd'hui encore on peut voir les 25 premiers pâtés de maisons, mesurant cent aunes castillanes, qui donnèrent vie à Cienfuegos et qui constituent à présent la vieille ville. C'est sur la Plaza de Armas, l'actuel Parque Martí, que les maçons et les architectes de l'époque situèrent le point central autour duquel organiser la seule ville cubaine de fondation française.

Le développement de l'élevage, l'exploitation forestière, l'agriculture (principalement la canne à sucre) et un port de plus en plus important transformèrent Cienfuegos en une ville prospère. À la fin du siècle dernier commencèrent à proliférer les hôtels particuliers et les palais de style néoclassique français, avec des frises parfois un peu chargées, de somptueux fers forgés et des portails presque aussi larges que les rues elles-mêmes.

Le style néoclassique finit par régner dans cette ville paisible, aux rues larges et spacieuses, avec le Paseo del Prado, très fréquenté, la plus longue promenade de l'île.

La cathédrale de Cienfuegos

C'est le plus ancien et remarquable édifice religieux de Cienfuegos. Sa sobre façade de style romantique donne sur le Parque Martí. Dans cette modeste cathédrale à cinq nefs d'une profondeur de 50 mètres chacune, d'une largeur totale de 21 mètres, on admirera les vitraux des douze fenêtres supérieures, qui représentent les douze apôtres. Selon les spécialistes, ces vitraux sont les plus beaux et ouvragés de la production cubaine.

Théâtre Tomás Terry

Toujours sur l'ancienne Plaza de Armas, une construction de style éclectique abrite le plus ancien théâtre de la ville. Celui-ci porte le nom d'une personnalité éminente du monde de la culture de Cienfuegos. Bien que construit en 1890, le théâtre est fort bien conservé et peut accueillir 1.200 spectateurs.

Le plafond est orné d'une fresque d'origine, et ses toiles de fond sont agrémentées de peintures à l'huile datant elles aussi de l'époque de sa création. Sa scène a accueilli des figures légendaires comme le ténor italien Enrico Caruso ou le non moins célèbre Ricardo Stracciasi.

Cimetière de Reina

Le cimetière de Reina, inauguré en 1839, est non seulement un petit joyau architectural de l'art néoclassique cubain, c'est aussi le seul du genre qui se soit conservé sur l'île, puisque l'on enterrait les morts dans des niches, une caractéristique propre au XIXe siècle. On peut admirer ici des chefs-d'œuvre de fer forgé dans les grilles entourant les cryptes et les panthéons, ainsi que les sculptures de marbre dont la *Belle endormie*, une splendide réalisation d'art funéraire cubain du siècle dernier.

Palacio de Valle

À l'extrémité du Paseo del Prado et après la large jetée de Cienfuegos, on arrive au bout de Punta Gorda, une petite langue de terre sur laquelle en 1917 le millionnaire espagnol Acisclo del Valle construisit pour son épouse un palais véritablement unique, dans un magnifique décor naturel.

Cette modeste cathédrale de style romantique, qui existe depuis la fondation de Cienfuegos, est ornée de vitraux à sujets religieux, considérés comme les plus beaux et ouvragés de tout Cuba.

À une extrémité du Parque Martí, un simple arc de triomphe rappelle les origines de cette ville, la seule de l'île à avoir été fondée par les Français.

Détail de la façade du théâtre Tomás Terry. Trois petites peintures murales traitées comme des mosaïques multicolores, représentant trois manifestations artistiques, ornent cet édifice considéré comme l'un des plus remarquables de l'architecture cubaine du XIXe siècle.

Vue frontale du Palacio de Valle, au style éclectique. Bien que son mélange de styles et de décorations pourrait sembler excessif, ce bâtiment exerce une grande fascination en raison de son esthétique audacieuse, et il existe de nombreuses légendes à son propos.

Détail de la façade à la hauteur du portique qui entoure le palais ; on peut admirer l'audacieuse arcade mauresque et le travail aussi méticuleux qu'artistique des maîtres d'œuvre catalans qui dirigèrent la construction et y travaillèrent.

Ce somptueux portique de style mudéjar de la galerie intérieure, orné de magnifiques incrustations de céramique, et les riches sols de mosaïques font penser au Salon des Ambassadeurs dans l'Alcázar de Séville.

Détail de l'escalier de fer en colimaçon délicatement ouvragé menant à la terrasse supérieure du palais.

Tour de style mozarabe, à l'un des angles de la terrasse supérieure. Le Palacio de Valle abrite à présent un restaurant-cabaret et une boutique d'objets d'artisanat cubain.

Le Palacio de Valle, luxueux "gâteau d'anniversaire", réunit des styles éclectiques, du néogothique au néoclassique en passant par le *mudéjar* inspiré par l'ultime période de l'art hispano-mauresque. Malgré son excentricité, l'édifice, dont le projet fut confié à un architecte italien, ne manque pas d'une grâce toute particulière.
Après le krach boursier de 1929, son propriétaire ruiné se suicida. En 1958, la mafia américaine acheta le palais pour en faire un casino, mais le triomphe de la révolution mit fin à ce projet lucratif.

Castillo de Jagua

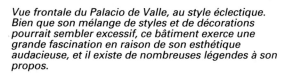

Cienfuegos est relativement jeune et très orgueilleuse. Ses habitants l'appellent "la perle du sud" et se vantent du fait qu'entre tant d'autres qualités ses rues et ses places présentent le tracé urbanistique le plus parfait qui soit à Cuba. On y trouve un des jardins botaniques les plus intéressants du monde, avec 2.000 espèces de plantes tropicales, pour la plupart exotiques, et un cimetière-jardin (Tomás Acea) dans lequel on peut voir la seule reproduction du Parthénon d'Athènes existant en Amérique latine. Mais l'histoire de Cienfuegos et de son orgueil proverbial sont bien antérieurs à sa fondation.
Située en position pittoresque sur la péninsule de Majagua, au bord d'une jolie baie sur laquelle Christophe Colomb débarqua en 1494, l'actuelle région de Cienfuegos était au centre de l'un des plus importants habitats des Indiens Ciboneys, le caciquat de Jagua, nom qui désigne cette im-

mense anse bien cachée aux regards.

Ce port, qui, comme le navigateur Sebastián de Ocampo l'écrivit au roi en 1509, était "l'un des meilleurs et des plus sûrs au monde pouvant accueillir jusqu'à mille navires", fut aussi le théâtre des combats inégaux opposant les aborigènes et les Espagnols, en particulier dans la zone de l'actuelle Playa de Rancho Luna.

Bientôt, le port secret de Jagua devint le repaire de prédilection des corsaires, des flibustiers et des pirates. Comme ceux-ci agissaient impunément dans la vaste baie dont ils avaient fait un centre opérationnel pour leurs commerces illégaux, les autorités espagnoles décidèrent en 1733 de construire, sur la hauteur d'une colline dominant l'entrée de la baie, une forteresse en pierre de taille, ensuite appelée Nuestra Señora de los Ángeles de Jagua. Trois quarts de siècle avant la fondation de la ville de Cienfuegos, en 1745, s'achevèrent les travaux de construction du Castillo de Jagua, le nom sous lequel on le désigne habituellement, la première importante construction coloniale de la région. Classée monument national, cette forteresse ceinte de murailles compte une unique tour circulaire percée d'étroites meurtrières. On peut encore voir, bien conservés, sa chapelle d'origine, les profondes douves qui l'entourent, ses trois esplanades munies chacune de dix robustes canons, le pont-levis donnant accès à l'intérieur, l'imposante coupole rouge de la tour et les cellules malsaines dans lesquelles les prisonniers d'autrefois purgeaient leurs peines.

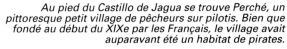

Au pied du Castillo de Jagua se trouve Perché, un pittoresque petit village de pêcheurs sur pilotis. Bien que fondé au début du XIXe par les Français, le village avait auparavant été un habitat de pirates.

Le Palacio Ferrer, actuellement Maison municipale de la Culture, fut construit en 1918 à un angle du Parque Martí. Son style néoclassique tardif atteste le bon goût et le raffinement de l'ancienne bourgeoisie de Cienfuegos.

Une classique demeure de Cienfuegos. Des façades comme celle-ci, aux styles éclectiques les plus variés, sont fréquentes ici.

Le Castillo de Nuestra Señora de los Ángeles de Jagua, une solide forteresse de pierre de taille achevée en 1745, bien avant la fondation de la ville de Cienfuegos, pour protéger la baie des pirates.

Sous cette sculpture reposent les restes de Che Guevara et de ses compagnons de guérilla morts en Bolivie. Le haut-relief sur la gauche de la statue retrace des épisodes de la vie de ce célèbre guérillero.

Monument à la mémoire d'Ernesto Che Guevara

Dans la ville de Santa Clara, située au centre de l'île, une colonne de plus de cent rebelles placés sous le commandement d'Ernesto "Che" Guevara livra en décembre 1958 une des batailles les plus audacieuses de la guerre de libération nationale, qui fut décisive pour la victoire de la révolution cubaine.

Quarante ans plus tard, Fidel Castro a rappelé comment les troupes commandées par le "Che" et par Camilo Cienfuegos avancèrent vers l'ouest "sur plus de 400 kilomètres depuis la Sierra Madre, après un ouragan, jusqu'à l'Escambray, parmi des terrains bas et marécageux, infestés de moustiques et de soldats ennemis, soumis à une surveillance aérienne constante, sans guides, sans nourriture [...]. Ils atteignirent leur but, déjouant les encerclements, les embuscades, les lignes ennemies, les bombardements." Il concluait : "C'étaient des hommes de fer."

Et c'est dans cette ville libérée par le Che et ses compagnons, avec le soutien de la population dont la majorité avait pris fait et cause pour l'Armée Rebelle, que fut élevé le monument commémoratif dit Memorial Ernesto Che Guevara.

Sur un piédestal, une statue de bronze de sept mètres de haut et pesant vingt tonnes regarde vers le sud, en direction de l'Amérique du sud. Cette œuvre de l'artiste cubain José Delarra représente Che Guevara lors de la difficile bataille de Santa Clara, le bras en écharpe et portant sa tenue de guérillero.

Le monument, inauguré en 1988, compte en outre 16 panneaux sculptés retraçant l'histoire de ce héros de la révolution.

À la base du monument se trouve le mausolée de marbres cubains et de précieux bois de l'île qui depuis le 17 octobre 1997 contient la dépouille mortelle du guérillero héroïque et celles de ses compagnons de lutte morts en Bolivie qui ont pu être retrouvées. À l'intérieur brûle une flamme perpétuelle.

Le projet de ce mausolée est également dû à Delarra, lequel sculpta en mortier, dans chacune des 33 niches, les portraits des combattants de la guérilla.

On visitera en outre le musée où sont exposés des photographies, des objets et des documents (dont beaucoup peu connus) ayant trait aux actions de guérilla menées par le Che à Cuba, au Congo et en Bolivie.

Topes de Collantes

Dans la province de Sancti Spíritus, dont la capitale porte le même nom et fut au nombre des sept premières villes fondées par les colonisateurs, se trouve une des formations montagneuses les plus importantes du pays, l'Escambray: C'est ici, à quelques kilomètres de Trinidad, que se trouve le complexe touristique de Topes de Collantes, qui compte un magnifique centre de repos et de remise en forme mettant à profit les caractéristiques climatiques spécifiques de l'endroit.

L'un des sentiers rougeâtres qui partent du centre conduit au Salto (chute) del Caburní, où la rivière du même nom se jette 75 mètres plus bas, à près de 900 mètres au-dessus du niveau de la mer. Les caprices topographiques et géologiques et l'exubérance de la végétation donnent un charme particulier à cette excursion.

La nature débordante qui accompagne cette faille fait de la chute du Caburní un site paradisiaque. Aux environs pousse une grande variété de fougères, y compris arborescentes, et vivent des papillons tropicaux multicolores. On y trouve en outre des espèces cubaines d'arbres au bois précieux.

À près de 900 mètres au-dessus du niveau de la mer, dans la zone montagneuse de l'Escambray, se trouve le Salto del Caburní, une cascade de 75 mètres dans un paysage paradisiaque.

À Topes de Collantes on peut observer de nombreux caprices géologiques et topographiques. Vue du sentier conduisant au Salto del Caburní.

Le clocher de la belle église San Francisco de Asís, construite vers 1813 et à présent disparue, est l'édifice le plus photogénique de cette ville coloniale qu'est Trinidad. On y trouve le Musée de la Lutte clandestine.

Ce lieu, l'ancienne Plaza de Armas, fut choisi par Hernán Cortés pour installer son campement en 1519, avant de partir à la conquête du Mexique. Au fond de l'accueillante Plaza Mayor, on voit l'église Santísima Trinidad et le palais Brunet, à présent le Musée du Romantisme.

Trinidad: joyau colonial

Le 25 décembre 1513, l'expédition de colonisation de Diego Velázquez débarqua dans la région montagneuse de Guamuhaya (devenue par la suite Escambray). Sous les frondes d'un arbre de *jigüe*, les "hommes blancs" dressèrent un modeste autel et célébrèrent la première messe à laquelle les aborigènes aient jamais assisté.

Au début de l'année 1514 ils fondèrent la troisième ville de Cuba, la Santísima Trinidad, très près de cet arbre à l'emplacement duquel se trouve actuellement la Plazuela Real del Jigüe.

Trinidad, dont la principale ressource étaient les troupeaux, n'était encore, bien que prospère, qu'un modeste groupe de huttes de bois recouvertes de feuilles de palmier, avec une église tout aussi modeste. Mais en 1527 une tempête détruisit entièrement le jeune village, au moment même où Pánfilo de Narváez organisait ici son voyage de conquête vers la Floride, voyage voué à l'échec. Ce lieu dévasté, qui quelques années auparavant avait déjà fourni des hommes, des armes et des munitions à l'entreprise d'Hernán Cortés, resta pratiquement désert pendant un siècle.

On ne sait pas avec exactitude quand les Espagnols décidèrent de le remettre en état, mais tout semble indiquer que la recherche d'un meilleur accès aux côtes pour faciliter divers commerces avec les contre-bandiers fut la raison fondamentale de ce repeuplement.

Avec le XVIIe siècle, une nouvelle époque de splendeur commença pour la ville de Santísima Trinidad. D'importantes cultures comme la canne à sucre et le tabac, l'exploitation des mines et l'élevage du bétail firent affluer des capitaux considérables. Bien vite, ceux-ci débouchèrent sur la richesse architecturale de cette ville, qui aujourd'hui encore semble figée dans son passé colonial.

Mais dès le début du XVIIIe Trinidad dut subir les fréquentes attaques et les saccages des corsaires et des pirates. Ces dangers, qui tenaient constamment en alerte ses habitants, obligèrent ceux-ci à armer des navires de guerre et à organiser des milices et des troupes de volontaires pour repousser les incursions. Après la prise de La Havane en 1762, les forces anglaises auraient aussi voulu s'emparer de Trinidad, mais la réaction foudroyante de celle-ci les contraignit à la retraite ; elles abandonnèrent derrière elles un canon, devenu le symbole de la ville dans les armoiries de laquelle il figure encore.

En 1797, Trinidad avait atteint un tel essor économique qu'elle se vit reconnaître un gouvernement propre, dont la juridiction politique et militaire s'étendait à tout le territoire central de l'île.

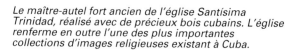

Le maître-autel fort ancien de l'église Santísima Trinidad, réalisé avec de précieux bois cubains. L'église renferme en outre l'une des plus importantes collections d'images religieuses existant à Cuba.

Près de Trinidad s'élève la tour construite vers 1820 par l'ingénieur Manaca-Iznaga. Cette tour de 45 mètres de haut qui servait à surveiller les esclaves au travail se trouve dans la Valle de los Ingenios, où on peut voir les vestiges des machines de 43 anciens moulins à broyer la canne à sucre.

Entrée de la remise d'une maison de Trinidad construite en 1808. Les sobres portes-fenêtres grillagées surmontées d'un arc en plein cintre sont typiques de l'architecture locale. On observera l'élément néoclassique des colonnes décoratives.

Calle Real del Jigüe. À Trinidad, les trottoirs sont souvent très étroits ou inexistants, et les maisons ouvrent directement sur les rues pavées de cailloux, ceux-là même qui des siècles durant arrivèrent avec les navires espagnols qu'ils servaient à lester.

À l'abri des hauteurs verdoyantes de l'Escambray, face à la mer des Caraïbes, Trinidad prit son aspect actuel entre les dernières décennies du XVIIe siècle et la première moitié du XIXe. Mais le principal attrait de cette ville, qu'en 1988 l'UNESCO a classée, avec la voisine Valle de los Ingenios, parmi les richesses de l'humanité, ne réside pas dans une imposante cathédrale baroque, dans de fastueux palais ou dans des monuments historiques dont la visite s'impose. Bien que différente de la vieille ville de La Havane et moins somptueuse que celle-ci, elle est la ville cubaine qui a le mieux conservé son apparence et son patrimoine de l'époque coloniale, y compris ses coutumes ; c'est peut-être dû au fait que de longues périodes d'oubli (en particulier dans la première moitié de ce siècle) l'ont jalousement tenue à l'écart de la "modernité". On pourrait dire que l'image actuelle de Trinidad est celle-là même qui émerveilla l'illustre voyageur Alexander von Humboldt, lorsqu'au début du XIXe celui-ci visita la ville et la décrivit dans son célèbre *Essai politique sur l'île de Cuba*. Elle est caractérisée par une foule de détails : les grandes fenêtres grillagées et les beaux portails de ses demeures et de ses palais séculaires, ses toits rougeâtres de tuiles locales, ses rues et ses ruelles, aux angles mille fois consolidés par des bornes de fer, les cours intérieures fraîches et ombragées de ses maisons, semées de fleurs et de fougères, le chant continuel des canaris en cage selon une coutume ancestrale, sans oublier bien sûr le caractère charmant de ses habitants.

Palais Brunet
(Musée du Romantisme)

La vieille ville de Trinidad compte 55 îlots orthogonaux et 1.211 édifices historiques et, comme dans presque toutes les localités coloniales, la Plaza Mayor - autrefois Plaza de Armas - constitue le centre de l'agglomération. Tout autour, les maisons et les demeures ont le style colonial typique des XVIIIe-XIXe siècles, en particulier le palais du comte Brunet, actuel Musée du Romantisme, le seul du centre ville et un des rares de tout Trinidad, avec la demeure Ortiz, elle aussi sur la place, à avoir deux étages.

Le palais Brunet est un fidèle témoignage de ce qu'étaient autrefois les classiques maisons des classes élevées. Les sols sont en marbre, l'escalier central en acajou ; des meubles anciens, différents ustensiles (dont beaucoup en métaux précieux) et les toiles du peintre cubain Esteban Chartrand (XIXe s.) disposées dans 13 salles sont quelques-unes des merveilles que l'on peut admirer dans ce palais. On verra en outre la jolie cour intérieure.

Le salon principal de l'actuel Musée du Romantisme. On admirera les ornements des pieds et des accoudoirs des meubles, inspirés par le style Empire. Le lustre en cristal de Bohême date du XIXe siècle. Au fond, portrait de la duchesse de La Torre, membre d'une aristocratique famille de Trinidad.

Cette chambre espagnole de style Isabelle, en bronze et nacre, se trouve dans le palais Brunet. On remarquera les pieds en marbre de Carrare et les plinthes des murs, entièrement réalisées par des peintres populaires locaux. Partout dans la maison on retrouve ces peintures murales à motifs floraux et héraldiques.

Tous les arts décoratifs qui ornent cette demeure proviennent d'Europe. Ce vase espagnol de porcelaine de la manufacture du Buen Retiro orne une des salles.

Cette coiffeuse cubaine de style romantique réalisée par un ébéniste local en acajou, un précieux bois cubain, se trouve dans la salle de bains. Le nécessaire est en porcelaine française ornée de motifs de fruits.

L'ermitage de la Popa, situé sur le flanc de La Vigía, est la plus ancienne construction religieuse de ce genre à Trinidad. Construit au milieu du XVIIIe siècle, il présente une gracieuse façade baroque.

Un éloquent portrait de paysan de Trinidad.

L'hôtel Ancón se trouve à douze kilomètres de Trinidad, sur la plage du même nom.

Avec ses cinq kilomètres de sable fin d'origine corallienne et ses eaux peu profondes, la plage Ancón est la meilleure de la côte sud de l'île, face à la jolie péninsule à laquelle elle doit son nom.

Musée archéologique Guamuhaya

À l'un des angles de la place s'élève la demeure Padrón, siège du Musée archéologique Guamuhaya et l'un des plus remarquables édifices de Trinidad.
Le musée, un des cinq que compte la ville, rassemble des témoignages de l'histoire préhispanique et coloniale de la région. On peut y voir des objets et des matériaux de factures et d'origines fort différentes.

Église Santísima Trinidad

Toujours sur la Plaza Mayor, on trouve l'église Santísima Trinidad, construite sur les vestiges de l'ancienne église paroissiale principale. Bien que sa façade néoclassique, influencée par un baroque américain tardif, ne manque pas d'un certain attrait, ce n'est certes pas un des édifices religieux majeurs de Cuba. Mais elle renferme une importante collection de représentations datant du XVIIe au XXe siècle ; on admirera en particulier le Christ de la Vraie Croix, presque grandeur nature, considéré comme le plus beau de tout Cuba et l'un des plus importants du Nouveau Monde.

*Treize kilomètres et demi de plages d'une
extraordinaire beauté font de Cayo Coco un lieu de
prédilection du tourisme.*

Cayo Coco

La première route de Cuba permettant de passer en automobile presque au-dessus de l'eau fut construite pierre par pierre. C'est en 1988 que furent enfin réunies la côte de l'île de Cuba et celle d'un extraordinaire îlot rocheux de 370 m2, l'équivalent d'îles comme Malte, Grenade ou les Seychelles. Cayo Coco, situé dans une zone de l'archipel Sabana-Camagüey baptisée Jardines del Rey (Jardins du Roi) à l'époque de la conquête, était la "terre promise". Les ingénieurs avaient mis fin à des siècles d'isolement de cette portion de territoire cubain qui n'avait jamais été rien d'autre qu'un poste d'opérations pour les pirates et un but pour les régates de bateaux. En 1875, l'îlot fut morcelé et vendu aux enchères pour la somme de 300 pesos à un Espagnol, qui ne fit que l'utiliser pour une activité illégale d'un autre genre, la traite des Noirs amenés d'Afrique. Dès le début du XXe siècle, un autre homme tenta de tirer un profit économique de l'îlot : John Theophilus Hodge, un Américain, acheta l'endroit, convaincu de faire fortune avec l'élevage du bétail et les plantations d'agrumes.

Il fit venir les meilleurs exemplaires des races bovines et porcines les plus productives, investissant tout son avoir, mais dut bientôt se rendre à l'évidence : les oranges ne poussaient pas et dans cet environnement semi-désertique les vaches finissaient par désobéir à leur maître. Il rentra ruiné dans son pays. Depuis, ces plages vierges ne reçoivent que sporadiquement la visite de quelque pêcheur ou de riches familles de Morón venues par bateau passer la journée et fort surprises de voir s'approcher de la plage les descendantes des vaches amenées sur l'îlot par Hodge.

Pour finir, l'étude de la nature de l'endroit et les récits d'un autre Américain, non moins aventureux mais certes plus intelligent, l'écrivain Ernest Hemingway, ont contribué à la renommée de Cayo Coco et d'autres îlots voisins comme Romano, Guillermo ou Paredón Grande, témoins des incursions des sousmarins allemands dont Hemingway s'inspira pour son roman *Îles à la dérive*. Depuis la mer, Hemingway distinguait ces silhouettes sombres qui surgissaient de l'eau et qui, lorsqu'on s'en s'approchait, commen-

Cayo Coco est une intéressante région naturelle, où se côtoient des dizaines d'espèces parfaitement préservées.

Cette tour caractérise le terre-plein de Cayo Coco, la première jetée de ce type construite pierre par pierre dans la mer cubaine. Depuis son sommet est commandée l'élévation de ce magnifique ouvrage.

çaient à acquérir forme et couleur. Mais ce qu'il vit surtout, ce furent les ibis blancs ou les petits échassiers au bec long et recourbé qui peuplaient les côtes de Cayo Coco et émettaient un cri caractéristique : *co-co*, d'où le nom de l'îlot.

Les vastes colonies d'ibis et de mouettes, et surtout les quelque 30.000 exemplaires de flamants roses qui vivent ici et constituent une des plus grandes réserves de cette espèce dans tout l'hémisphère nord, font de Cayo Coco une zone naturelle fort riche. En outre, plus de 80% de sa surface présentent la typique végétation des forêts tropicales - avec des zones classées - , où vivent des dizaines d'espèces animales parfaitement préservées.

On compte sur l'îlot au moins quatre sentiers destinés au tourisme écologique, et de plus en plus de passionnés de plongée sous-marine viennent explorer la grande barrière corallienne, la deuxième plus grande au monde, qui borde tout l'archipel Sabana-Camagüey, sur les traces des pirates et des corsaires qui furent longtemps les seuls admirateurs de tant de beauté.

Camagüey: la ville des grandes jarres

Santa María del Puerto Príncipe (Nuevitas) fut fondée en 1514, à la tête d'une vaste région de savanes qui occupe une partie du centre de l'île et comme avant-poste de la fougueuse région orientale du pays. Elle changea d'emplacement à trois reprises, jusqu'à ce qu'en 1528 Camagüey - le nom que lui donnèrent les habitants aborigènes - ne fut définitivement installée là où elle se trouve de nos jours, entre les rivières Tínima et Hatibonico.

Ses grandes plaines en firent un lieu parfait pour l'élevage, aujourd'hui encore une activité fondamentale de l'économie du territoire avec la production de sucre.

L'élevage, qui demandait si peu de travail, fit de Camagüey un endroit curieux, avec une faible densité de population et aussi moins de Noirs. Les mœurs raffinées de l'aristocratie créole finirent par s'imposer, et on trouvait ici moins de mulâtres que dans le reste de l'île. Sa position, à mi-chemin entre Santiago de Cuba et La Havane, les deux villes les plus importantes,

amenèrent d'intenses commerces de contrebande, au mépris du monopole commercial imposé par la métropole espagnole. Cela amena une expansion économique bien visible à Puerto Príncipe dès le milieu du XVIIIe siècle. À cette époque, à en croire des descriptions de l'évêque Morell de Santa Cruz, l'agglomération comptait 1.506 maisons, presque toutes à un seul étage et bien construites. En 1817, le roi Ferdinand VII lui accorda enfin le titre de ville et le droit d'avoir ses armoiries.

Dès cette époque, Camagüey était remarquable pour son architecture. Lorsqu'elle devint une ville, ses édifices religieux, militaires, gouvernementaux et privés trahissaient sa prospérité et sa noblesse. Parmi ses belles places, citons la Plaza de San Juan de Dios, la Plaza del Carmen, la Plaza del Cristo et la classique Plaza de Armas coloniale. L'église Nuestra Señora del Carmen, de style baroque, datant de 1825, le Palais de Justice, construit au milieu du XVIIIe, et le théâtre

C'est au début du XIXe siècle que fut construite à Camagüey l'église Santo Cristo del Buen Viaje, typique de l'architecture coloniale créole avec des réminiscences du baroque cubain. À côté se trouve le cimetière de la ville, le plus ancien encore en activité de l'île.

L'ancienne Plaza de Armas, dans la vieille ville de Camagüey, est de nos jours le Parque Ignacio Agramonte.

Les ruelles tortueuses de Camagüey font de la ville un véritable labyrinthe.

Principal, inauguré en 1850, sont quelques-uns des édifices les plus intéressants de Camagüey. La vieille ville, dans laquelle aujourd'hui encore on peut voir un grand nombre des demeures d'origine construites en briques avec des toits de tuiles plus élevés au-dessus du salon et allant en descendant vers la cour intérieure - les dénommés *colgadizos* -, fut classée monument national en 1978 en raison de la richesse de son patrimoine. C'est, avec Trinidad, une des villes qui ont le mieux conservé leur aspect colonial.

Mais elle se distingue par un détail exceptionnel. La pénurie d'eau dont la localité souffrit pendant des siècles et l'abondance d'argile dans le sol de la région donnèrent aux potiers une idée qui devint ensuite le symbole de Camagüey : les grandes jarres d'argile couramment utilisées pour entreposer le vin et l'huile devinrent un objet indispensable dans les cours intérieures de chaque maison de Camagüey.

Une jarre était toujours prête à recueillir l'eau de pluie acheminée par des gouttières depuis les toits. Et la coutume s'en répandit au point que Camagüey ne

On trouve également les grandes jarres typiques de Camagüey dans des zones rurales, à côté des huttes des paysans faites de bois et recouvertes de yagua (les feuilles du palmier géant).

Nul ne peut savoir quand cette jarre fut produite ni quand elle fut placée dans ce jardin de Camagüey.

tarda pas à être connue comme "la ville des grandes jarres", épithète qui remplit ses habitants d'orgueil car elle rappelle une de leurs plus anciennes traditions.

Une autre caractéristique de Camagüey est le tracé de ses rues étroites et tortueuses. La raison d'être de ce labyrinthe était de rendre l'accès de la ville difficile aux pirates et aux pillards. Seuls ceux qui ont vécu en ville pendant des années peuvent se promener en ville sans crainte de perdre leur chemin ; c'est ici que se trouve la ruelle la plus étroite de tout Cuba, dite La Funda del Catre.

De nos jours, Camagüey est le reflet d'une histoire qui ne se manifeste pas tant dans les façades de ses anciennes demeures coloniales, dans ses parcs, ses places ou ses églises que dans le comportement de ses habitants, qui ont hérité de l'amour de maints hommes et femmes illustres pour Camagüey et Cuba. C'est ici que furent écrits les vers à présent reconnus comme la première œuvre littéraire cubaine, le poème épique *Espejo de Paciencia*, et que naquit Gertrudis Gómez de Avellaneda, une remarquable poétesse qui a immortalisé dans des vers élégants et passionnés sa condition de femme-écrivain dans la Cuba du XIXe siècle. En outre, les vastes savanes de Camagüey furent le théâtre des exploits guerriers et de la lutte pour l'indépendance du patriote Ignacio Agramonte y Loynaz. Camargüey est également fière d'avoir été la ville natale de Nicolás Guillén, le poète national cubain.

Dans la vaste plaine de Camagüey, l'aube et le coucher du soleil sont des spectacles splendides.

L'église de la Merced, située dans le centre ville, est l'une des plus importantes architectures religieuses de l'île. Elle fut achevée en 1756.

Playa Santa Lucía

Presque aux confins de la province de La Tunas se trouve un trésor naturel qui constitue l'une des principales richesses de Camagüey. Considérée par beaucoup comme la deuxième meilleure plage de Cuba, Santa Lucía s'étend vers l'est sur 20 kilomètres, depuis l'embouchure de la baie de Nuevitas, sur la côte nord, et comme sa "rivale" Varadero elle se trouve sur une péninsule.

Outre son sable fin et ses eaux chaudes et limpides, Santa Lucía a la chance d'être entourée d'autres merveilles qui contribuent à sa célébrité. Elle se trouve en effet face à la grande barrière corallienne de 400 kilomètres de long qui précède l'archipel de Sabana-Camagüey, la deuxième par la taille après la barrière australienne, ce qui veut dire qu'aux plaisirs d'une plage magnifique les touristes peuvent joindre ceux de la plongée sous-marine. En outre, cette proximité de la plage et de la barrière - séparées par deux kilomètres à peine - provoque un phénomène naturel : les courants marins s'atténuent avant d'arriver à la côte au point de rendre la houle imperceptible, ce qui permet de prendre des bains à n'importe quelle heure du jour sans se préoccuper des conditions de la mer.

La proximité des îlots Sabinal et Romano, qui comptent également d'excellentes plages, a contribué au développement de Santa Lucía, devenue l'une des principales zones touristiques de l'île. Peu à peu et selon de rigoureux critères de préservation de l'écosystème, de nouvelles installations touristiques ont vu le jour autour de Santa Lucía, l'une des meilleures plages de Cuba.

Comme presque toutes les plages de Cuba, Santa Lucía offre une nature intacte.

Ces palmiers proches de la mer semblent danser dans la brise.

Santa Lucía est de nos jours l'une des principales zones touristiques du pays.

Depuis le sommet de la Loma de la Cruz, voici des années, un arpenteur traça dans la dénommée Valle de las Delicias la ville d'Holguín, connue de nos jours comme la ville des parcs.

Vue de la dernière partie de l'escalier conduisant au mirador de la Loma de la Cruz. Pour les habitants de la ville, qui n'est pas monté sur la colline de la Cruz ne connaît pas Holguín.

Holguín: la capitale archéologique

C'est le long de la côte nord de la province de Holguín, dans cette baie que les aborigènes appelaient Bariay et que Christophe Colomb baptisa San Salvador, que commence le 28 octobre 1492 l'histoire de la découverte de Cuba, qui fut pour l'île le début de la vie dans le Nouveau Monde. Et c'est certainement dans cette région qu'à l'époque précolombienne existaient les principales concentrations de populations et de cultures aborigènes, comme l'attestent les importantes découvertes archéologiques faites ici au cours des années.

Les premiers habitants de la région, du haut de la colline dominant la vallée où se trouve la ville, furent à n'en pas douter enchantés par ses paysages, sa brise suave et la douceur de son climat, et ils décidèrent de s'installer dans ce qui dès lors fut appelé Valle de las Delicias, vallée des délices.

Peu de temps après, passés les jours terribles de la conquête du Mexique, le capitaine espagnol Francisco García de Holguín reçut, comme récompense pour avoir capturé le dernier empereur aztèque, le titre de marquis del Valle et les terres s'étendant au nord-est de Cuba.

Fondée en 1523, la ville d'Holguín n'eut cependant pas un emplacement fixe jusqu'au 3 avril 1720, date à laquelle elle fut définitivement établie dans la vallée qu'elle occupe de nos jours, parmi les pâturages qui étaient alors la propriété de l'une des petites-filles du capitaine Holguín. Elle se peupla d'agriculteurs et d'éleveurs, mais ce n'est qu'au début du XIXe siècle qu'elle atteignit une certaine prospérité économique avec la prolifération des moulins à broyer la canne à sucre et des plantations de café et l'extension de la culture du tabac.

Ce fortin percé de meurtrières fut construit par les Espagnols au sommet de cette colline pour surveiller les abords de la ville et abriter un héliographe. La tourelle fut tout d'abord baptisée Numancia, un nom symbolique qu'elle perdit à la suite d'un affrontement avec les rebelles séparatistes.

La Loma de la Cruz

Au sommet de cette hauteur proche de la ville, un moine franciscain, le prieur Antonio de Alegrías, plaça le 3 mai 1790 une croix de bois qu'il avait monté seul sur son dos, donnant lieu à une tradition religieuse et culturelle que les habitants de la ville perpétuent avec une grande dévotion, les Romerías de Mayo ou pèlerinages de mai.

Pendant un siècle et demi, l'ascension de la colline fut un véritable calvaire pour beaucoup de dévots, aussi bien catholiques qu'adeptes de religions mêlant l'influence catholique aux croyances d'origine africaine, venus baiser la croix et faire des vœux. En 1950, un escalier de 450 marches fut enfin terminé, facilitant les processions et les visites au lieu saint. Un peu plus tard fut également construite une route donnant accès à cette colline dont les habitants d'Holguín sont si fiers.

En 1872, en raison des continuelles attaques des séparatistes, la Croix perdit sa prééminence car elle dut partager le sommet avec une tour de guet, plus tard remplacée par le fort percé de meurtrières visible aujourd'hui encore et dans lequel était en fonction l'héliographe de l'armée espagnole.

La plage de Guardalavaca, longue de 600 mètres, offre l'un des meilleurs sables de Cuba. Des palmiers, des raisins du tropique, des flamboyants et des zamias - une espèce de palmier - forment un paysage enchanteur face à une mer aux vives tonalités de vert et de bleu.

La Periquera

En dépit de la prospérité économique qu'elle atteignit au XIXe siècle, Holguín ne connut pas un développement architectural et urbanistique notable. Actuellement, si on la compare à d'autres villes cubaines, on n'y trouve que peu d'édifices coloniaux de quelque intérêt, pour la plupart concentrés aux environs du parc Calixto García, l'ancienne Plaza Isabel II.

Des anciens édifices qui entouraient le Parque Central Calixto García, nommé ainsi en souvenir d'un général des guerres d'indépendance natif d'Holguín, le plus important est sans aucun doute La Periquera. Cette demeure coloniale achevée en 1862 abrite de nos jours le Musée historique municipal.

En dépit de sa sobriété, cette robuste bâtisse à dominante néoclassique n'en trahit pas moins des influences mauresques à l'intérieur.

Elle doit son nom à l'esprit indépendantiste des habitants de la ville. On raconte qu'au cours de l'une des incursions des séparatistes en ville, durant la guerre de 1868, les soldats espagnols effrayés se réfugièrent dans cette demeure. À l'époque, l'uniforme de l'armée de la Couronne à Cuba était vert, couleur qui rappelait fort celle d'un oiseau commun sur l'île, la

perruche ou *periquete*. Assiégés par les troupes insurrectionnelles, les soldats enfermés ici semblaient, vus à travers les grilles des fenêtres, "des perruches dans leur cage (*periquera*)".

Guardalavaca

La côte nord-est d'Holguín, baignée par les eaux de l'Atlantique, a su conserver son patrimoine naturel qui est sa richesse socio-culturelle, économique, scientifique et touristique. Elle compte plus de 110 kilomètres de falaises, 22 kilomètres de plages de sable, des baies riches de faune et de flore, des formations coralliennes et une étroite plate-forme sous-marine dont la beauté attire les passionnés de plongée contemplative.

À Bariay, l'endroit où Christophe Colomb débarqua lors de son premier voyage, se trouve le parc national Bariay, l'une des réserves naturelles les mieux préservées du genre à Cuba ; le parc allie une flore vierge et une faune d'une grande variété, tant marine que terrestre, à des plages de sable très fin capricieusement disposées dans les anses et les anfractuosités de cette côte irrégulière.

Les nombreux renfoncements et saillies de la côte ont donné lieu à de magnifiques plages naturelles, pour un total de 22.810 mètres, qui commencent à être connues en raison de l'essor touristique de cette zone. Entre autres, les plages Don Lino, Estero Ciego et Playa Blanca sont fort belles.

Mais la plus célèbre de toutes est Guardalavaca, sur la côte de Banes, de 1.700 mètres de long,

La côte aux environs d'Holguín offre plus de 23 magnifiques plages naturelles de sable fin de couleur crème, pour la plupart blotties dans des renfoncements.

Les modernes installations hôtelières de Guardalavaca sont enfouies dans une végétation luxuriante.

Les installations fort originales, projetées dans le plus grand respect de l'environ, suivent fidèlement la conformation de ce paysage intact.

avec une magnifique frange de sable fin couleur crème agrémentée de raisins du tropique et de mangliers. À quelques mètres du rivage se trouve l'un de ses principaux attraits, la barrière de récifs coralliens qui borde la côte et qui en raison de sa facilité d'accès permet de découvrir un admirable paysage marin où vivent de grandes colonies de poissons. Ces récifs affleurent à marée basse, ce qui constitue un spectacle très curieux.

Musée archéologique Corro de Maíta

33% des richesses archéologiques du pays (plus de 96 sites) se trouvent dans la zone d'Holguín, considérée comme la capitale archéologique de Cuba. À Banes, dans le Musée archéologique Chorro de Maíta, est exposé un cimetière indien qui s'est avéré la découverte archéologique la plus importante du genre dans tout l'archipel des Antilles. Les fouilles ont soigneusement préservé les postures des 62 squelettes retrouvés, ce qui permet d'étudier le rituel funéraire des aborigènes de l'île. On peut en outre y voir un grand nombre d'objets en or, en coquillages, en os, en silex ou en céramique. Les restes d'une personne présentant un crâne de type européen confirment la présence ici de l'un des conquérants espagnols, lequel décida probablement de se mêler aux aborigènes.

Musée indo-cubain Baní

À Banes se trouve en outre le Musée indo-cubain Baní, dont les objets documentent fort bien la culture aborigène. Parmi les centaines de pièces exposées (plus de 14.000 se trouvent en outre dans les dépôts du musée), on remarquera une idole d'or représentant une femme coiffée de plumes qui tient un récipient ; cette statuette est la seule du genre à avoir été retrouvée sur l'île.

On peut constater que certains corps ont été enterrés en position fœtale. La découverte de deux squelettes d'enfants Taïnos portant des bracelets espagnols porte à penser que les Européens et les aborigènes entretenaient des relations pacifiques.

Le Musée archéologique Chorro de Maíta s'élève sur l'emplacement du principal cimetière aborigène de toutes les Antilles. Autour de cette excavation de 39 m² sont exposés des objets en or, en os, en silex et en céramique.

Les découvertes de Chorro de Maíta ont permis d'étudier non seulement le rituel funéraire aborigène mais aussi la culture et les coutumes des Antilles précolombiennes.

La baie de Santiago de Cuba a de tout temps été le second port de Cuba. La ville s'y élève vers l'est, comme dans un amphithéâtre spécialement bâti pour admirer la mer.

Santiago de Cuba: fenêtre ouverte sur les Caraïbes

Le 28 juin 1515, Diego Velázquez de Cuéllar, gouverneur de l'île, arriva sur la rive d'un paisible cours d'eau, au sud de la région orientale de l'île qu'il colonisait, et décida de fonder une ville à cet endroit. La ville fut baptisée Santiago en l'honneur de saint Jacques, protecteur de Sa Majesté d'Espagne.

Mais dans la zone se trouvait déjà une communauté d'aborigènes appartenant au caciquat de Bayataquirí, de paisibles natifs de l'île qui appelaient *Cuba* le territoire sur lequel ils vivaient. Diego Velázquez, accompagné de ses hommes, continua donc un peu vers le sud, peut-être pour éviter le voisinage des indigènes, mais il ne put empêcher que la ville qu'il fonda porte aussi le nom que les habitants primitifs avaient donné à ces lieux.

La première économie de la population naissante fut, comme dans toutes les villes de fondation récente, la recherche de l'or. Mais pas plus ici qu'ailleurs les pionniers ne découvrirent des quantités appréciables de ce précieux métal.

Les rêves de richesse démesurés des colonisateurs durent se contenter de l'exploitation d'un gisement de cuivre situé à moins de 25 kilomètres vers le nord-est. L'endroit reçut son nom définitif non pas tant en raison de l'abondance de ce métal que parce que c'est ici que naquit la légende de la Virgen del Cobre ou Vierge du cuivre, l'une des principales traditions catholiques cubaines et l'une des plus importantes manifestations du syncrétisme entre catholicisme et croyances d'origine africaine. L'agglomération, à l'époque la capitale de Cuba, reçut le titre de ville que La Havane dut encore attendre pendant de nombreuses années.

En 1549, la capitale devint San Cristobál de La Havana. Dès lors, Santiago de Cuba fut soumise au bon vouloir des gouvernants et des fonctionnaires de la Couronne, dont les intérêts étaient désormais liés à l'ouest de l'île.

Il ne fait aucun doute que la caractéristique situation géographique de Santiago de Cuba, entre les montagnes d'un côté et la mer de l'autre, proche des côtes d'Haïti, de Saint-Domingue et de la Jamaïque, sans oublier l'isolement relatif dans lequel la ville vécut des années durant par rapport à l'ouest du pays

Bien que construit dans les années cinquante de ce siècle, cet édifice situé face au Parque Céspedes fut dessiné suivant un projet du XVIIIe siècle. De nos jours il abrite l'hôtel de ville et sa façade est ornée de l'Étoile d'Or proclamant Santiago Ville Héroïque de la révolution cubaine.

Vue partielle du Parque Céspedes. C'est d'ici que le 1er janvier 1959, jour de la victoire de la révolution, une multitude d'habitants de la ville assista au discours prononcé par Fidel Castro depuis le balcon de l'hôtel de ville.

Depuis les hauteurs de la Loma del Intendente on peut admirer les anciennes demeures à toitures d'argile de la vieille ville. À l'arrière-plan, les tours de la cathédrale.

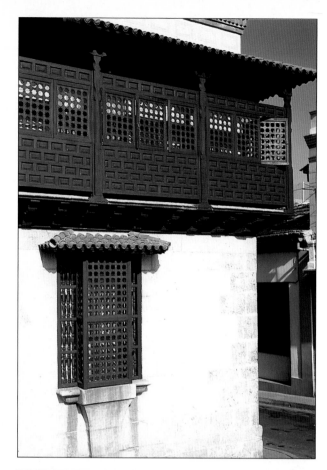

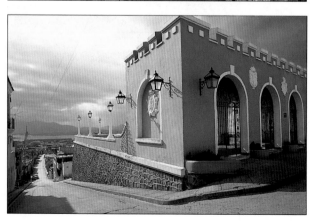

ou les conséquences culturelles et économiques de l'immigration des nombreux exploitants de café français, chassés de Haïti par la révolution, engendrèrent et consolidèrent au début du XIXe siècle les mœurs et les coutumes propres à cette partie du pays.

Pour expliquer la personnalité de ce peuple, il faut aussi tenir compte de l'arrivée à Santiago, au cours du XIXe, d'un nombre important d'émigrés de Catalogne, l'une des régions les plus rebelles et indépendantes d'Espagne.

Enfin, la composition ethnique de la population de Santiago de Cuba ne correspond de toute évidence pas à la moyenne nationale, et le métissage est ici beaucoup plus important.

Tous ces éléments ont donné lieu à un type de Cubain qui, tout en n'étant pas semblable à ceux des autres régions, peut sans nul doute être considéré le plus essentiellement "cubain" de tous les habitants de l'île, de l'est jusqu'à l'ouest. La particularité de Santiago se reflète par exemple dans le tracé de ses rues, surtout dans la vieille ville ; les édifices sont très particuliers, mais on est surtout frappé de la manière dont les rues suivent les reliefs accidentés du terrain.

Les balcons en saillie des édifices, qui envahissent l'espace des rues et des trottoirs, les galeries, les façades et les toits clairement influencés par l'architecture mauresque donnent à Santiago de Cuba son aspect typiquement colonial.

Quand on regarde la ville depuis la baie ou encore depuis la promenade qui longe les installations portuaires, ce qui équivaut à la regarder de bas en haut puisqu'elle s'élève progressivement au-dessus du niveau de la mer, on comprend que les maisons, les magasins, les industries, la ville toute entière ont été construits sur des terrasses, comme gravissant un grand escalier naturel.

Comme d'autres villes côtières cubaines, Santiago fut dès l'époque de sa fondation l'objet d'innombrables attaques de corsaires et de pirates. Au cours de son histoire, elle fut abattue à maintes occasions par des ouragans et des tremblements de terre. Les épidémies de choléra, de petite vérole et de fièvre jaune, peut-être favorisées par le climat chaud de la région, fu-

Outre la cathédrale, l'édifice du gouvernement provincial et la maison de Velázquez, on peut voir de beaux édifices autour du Parque Céspedes.

La terrasse de cet hôtel situé face au Parque Céspedes nous transporte à des époques reculées et en des endroits lointains. Seul l'éclat d'un soleil incomparable nous ramène à Santiago de Cuba.

La calle Enramada, l'une des principales artères du centre ville et à n'en pas douter la plus grouillante d'activité.

rent également particulièrement meurtrières.

Tant à l'époque coloniale que pendant la république néocolonisée, elle fut gouvernée par des aventuriers corrompus, dont la gestion reposait souvent sur les activités de sbires et d'assassins à leur solde.

Le fait que Santiago ait été à juste titre reconnue comme le berceau de la révolution - le mouvement révolutionnaire vit le jour avec l'attaque à la caserne Moncada le 26 juillet 1953 - et comme la Ville Héroïque de la République de Cuba, et que dans nombre de ses rues et de ses parcs fut versé le sang d'hommes et de femmes rebelles et patriotes, pourrait à première vue faire imaginer une terre faite de solennité et de nostalgie.

Mais les habitants de Santiago de Cuba ne sont pas le moins du monde tristes, méfiants ou introvertis. Ils sont au contraire fraternels, joyeux, amateurs de musique, bon enfant et surtout extrêmement hospitaliers. Ils sont célèbres dans toute l'île pour leur vocation de guides et d'amphitryons des visiteurs, auxquels ils donnent accès sans hésiter à leur demeure et à leur table.

Les caractéristiques de sa population, faite d'hommes bruyants et rebelles et de femmes dorées et riantes, son carnaval d'une allégresse explosive, ses origines ethniques et sa situation géographique ont fait de Santiago la ville la plus caraïbe de toute la nation cubaine. Et quand on en parle comme d'une fenêtre ouverte sur les Caraïbes, ce ne sont pas simplement des mots, c'est une réalité culturelle et historique qu'il est presque inutile de tenter de démontrer.

Lorsque l'on rencontre un Dominicain, qu'on l'écoute parler et qu'on le regarde gesticuler, il est difficile de le distinguer d'un habitant de Santiago. C'est dû au fait que les populations côtières de tous les pays de la mer des Caraïbes ont vécu les mêmes avatars et qu'il leur en est resté une extraordinaire similitude de tempérament et de personnalité.

Santiago de Cuba est le point de convergence de toute cette culture caraïbe, et c'est peut-être à cela qu'elle doit toute sa magie et son mystère, qui expliquent ce poème de Federico Garcia Lorca répétant : "*Iré a Santiago*", "j'irai à Santiago".

La cathédrale de Santiago fut consacrée basilique
métropolitaine en 1879 par le pape Pie IX.

Pour les habitants de Santiago, la cathédrale est le
symbole de leur ville, tout comme le Parque Céspedes,
l'ancienne Plaza de Armas de l'époque coloniale.

La cathédrale de Santiago

Pendant les premiers siècles d'existence de la ville,
les tremblements de terre frappèrent durement la cathédrale de Santiago, qui dut être construite et reconstruite à plusieurs reprises, en partie parce que
c'était un édifice modeste et peu solide.

Les évêques de l'époque étaient conscients du fait
que l'église devait être améliorée, et ce surtout après
le tremblement de terre de 1770 qui la détruisit
presque entièrement. Mais en raison d'une longue
série de retards et de polémiques, typiques de
l'époque coloniale, sur l'aspect que devait avoir le
nouvel édifice, quarante-huit ans passèrent avant
que la ville n'ait une cathédrale digne de ce nom.
Celle-ci, majestueuse comme il se doit, fut enfin
construite en 1818 et orientée nord-sud, avec sa façade sur la Plaza de Armas, l'actuel Parque
Céspedes.

Cette construction fut modifiée en deux occasions,
en 1863 et en 1922, et prit l'aspect extérieur em-
preint d'éclectisme qu'on lui voit de nos jours.

Ses cinq nefs contiennent des chefs-d'œuvre en bois,
ainsi que des étoffes et des objets de valeur. Dans la
basilique se trouve le Musée ecclésiastique, renfer-
mant des documents et des objets d'une grande importance historique.

Les archives de la cathédrale comptent, outre de
précieux documents historiques du chapitre de
Santiago de Cuba, des partitions de musique originales d'insignes maîtres cubains comme Esteban
Salas, qui fut à son époque le plus remarquable
compositeur américain de chants choraux, ainsi que
les premières œuvres interprétées à Cuba. Dans
l'église reposent les dépouilles mortelles du conqué-
rant et colonisateur de Cuba Diego Velázquez et
d'autres personnages de l'époque coloniale.

Enfin, l'édifice est fort intéressant avec ses tours et sa
coupole visibles de loin et qui semblent indiquer
l'ancien centre ville.

Quelle que soit leur religion, les habitants de
Santiago considèrent leur cathédrale comme un endroit aussi caractéristique que le Parque Céspedes,
lieu de rencontre et de détente d'innombrables gé-
nérations depuis les temps reculés où c'était encore
la Plaza de Armas coloniale.

Cet édifice à l'imposante façade néoclassique abrite les neuf salles du musée Emilio Bacardí, qui renferme des collections historiques et archéologiques de grande valeur.

Une typique rue de Santiago : étroite, au tracé asymétrique et avec une perspective urbanistique extrêmement variée et dynamique.

Musée Emilio Bacardí

Cuba, dont le sentiment national arriva à maturation entre 1868 et 1895, eut son premier musée historique le 12 février 1899, alors que les troupes nord-américaines qui occupaient le pays n'avaient pas encore quitté l'île et que celle-ci n'était pas encore une république.

En 1927, le musée d'origine fut transporté à son emplacement actuel, dans les rues Pío Rosado et Aguilera, et prit le nom de son illustre fondateur, le patriote, journaliste et écrivain Emilio Bacardí Moreau.

Le musée contient des objets ayant appartenu à José Martí, Antonio Maceo, Carlos Manuel de Céspedes et à d'autres éminents patriotes, autant de souvenirs historiques qui reflètent en outre le goût et le mode de vie de ces Cubains illustres.

Entre autres, on verra la collection de tableaux provenant du Musée du Prado à Madrid ; des armements fabriqués artisanalement pour les soldats indépendantistes ; le trône du roi indigène, orné des attributs du chapitre africain de Santiago, dont l'existence remonte au XVIIe siècle ; et enfin la momie et les autres vestiges archéologiques égyptiens arrivés à Santiago en 1912 en provenance de l'antique Thèbes et qui d'emblée émerveillèrent les Cubains.

La caserne Moncada, un symbole national

Située dans une des parties les plus hautes de la ville, la caserne Moncada mérite fort bien son appellation de monument national.

Le 26 juillet 1953, cette caserne fut le principal objectif que Fidel Castro et une centaine de ses compagnons attaquèrent dans l'intention de provoquer une insurrection nationale contre la tyrannie de Fulgencio Batista. Ce combat inégal se termina dans un bain de sang et des dizaines d'assaillants furent faits prisonniers et assassinés.

Cette action héroïque ne fut certes pas un succès militaire mais elle ouvrit la voie au triomphe, cinq ans et demi plus tard, de la révolution populaire qui transforma radicalement l'histoire de Cuba.

La caserne Moncada devint la Ciudad Escolar (cité scolaire) 26 de Julio, mais dans l'aile gauche du bâtiment principal, à côté du Poste 3, où eut lieu l'action militaire, se trouve le Musée historique 26 de Julio, qui retrace les luttes du peuple cubain pour l'indépendance à travers son histoire, depuis l'époque coloniale jusqu'à l'opposition à la dictature de Batista, y compris les préparatifs de l'assaut de la caserne, les actions militaires de la Sierra Maestra, l'invasion de Camilo Cienfuegos et d'Ernesto "Che" Guevara et la bataille décisive de Santa Clara.

La caserne Moncada, la principale forteresse de l'armée du dictateur Batista dans la partie orientale de l'île et la seconde du pays, fut prise d'assaut le 26 juillet 1953 par Fidel Castro et un groupe de jeunes révolutionnaires courageux.

Ce fragment de peinture murale à l'angle de la calle Anguilera et de la calle Padre Pico représente le visage doré d'une mulâtresse souriante, typique des habitantes de Santiago.

Des artistes de différentes nationalités participent, avec des peintres de Santiago, à un projet culturel dit INTER NOS. On peut voir cette belle peinture murale à l'angle de la calle Heredia et de la calle Clarín (Padre Quiroga).

Le berceau du *son* et de la *trova*

À en croire une célèbre légende, en 1580 Santiago comptait un petit orchestre, avec pour tous instruments deux pianos, un violon et une paire de mandolines dont jouaient deux Noires provenant de Saint-Domingue.

Une de celles-ci, Teodora Ginés, devint célèbre pour avoir inspiré le *Son de la Ma'Teodora*, rythme qui fut à l'origine d'une musique populaire désormais chantée et dansée dans le monde entier.

Deux siècles plus tard, les Français émigrés de Haïti avec leurs esclaves amenèrent à Cuba une culture musicale qui fut bien vite assimilée et imitée. Peut-être l'habitude, apportée par les Français, de se réunir entre amis

et membres de la famille pour écouter de la musique dans un endroit intime, est-elle à l'origine de la *trova* ou chanson de troubadour, une manière de composer et d'interpréter qui accorde de l'importance à l'instrument, la guitare, avec des paroles poétiques presque toujours consacrées à l'amour, à la femme, à la nature et à des thèmes patriotiques.

La traditionnelle *trova* cubaine, qui depuis le début de ce siècle nous a laissé une multitude de chansons, de boléros, de *sones* et de *guarachas* encore incroyablement actuels, compte quatre protagonistes incontestés : Sindo Garay, Alberto Villalón, Rosendo Ruiz et Manuel Corona, trois desquels naquirent précisément à Santiago de Cuba. Il faut en outre mentionner José (Pepe) Sánchez, né ici en 1856 et considéré comme le précurseur de la chanson de troubadour ; et le Trio Matamoros, un groupe qui diffusa à Cuba et dans toute l'Amérique latine le *son* de Santiago de Cuba.

Les célèbres compositeurs et interprètes Silvio Rodríguez et Pablo Milanés ont créé dans les trente dernières années un mouvement musical dit Nueva Trova, fidèle à la meilleure tradition.

La Casa de la Trova, dans la calle Heredia, est un véritable temple de la musique traditionnelle cubaine.

Les journées culturelles de la calle Heredia sont souvent fréquentées par des représentants du troisième âge. Ces vétérans de la danse connaissent les pas les plus traditionnels.

La cour intérieur de la Maison des Étudiants dans la calle Heredia. L'orchestre populaire a célébré ses 37 ans d'existence.

La maison où vit le jour en 1803 le grand poète cubain
José María Heredia, initiateur en Amérique du
romantisme, est à présent un intéressant musée.

Calle Heredia

Comme toutes les villes du monde, Santiago a des
rues caractéristiques dont la seule mention évoque la
ville.
Si l'on parle d'Enramada, une rue commerçante
grouillante de piétons, on pense aussitôt à Santiago.
Si l'on mentionne la calle Padre Pico, qui se termine
par un large et haut escalier montant entre deux ran-
gées de magasins, on sait que c'est là Santiago. Si
l'on entend le son d'une trompette *china* et celui des
tumbadoras, on peut imaginer que l'on se trouve
dans la calle Trocha, véritable symbole du mer-
veilleux carnaval de Santiago, lieu de danses collec-
tives et de débordements joyeux.
Mais si l'on veut entrer d'emblée dans l'âme de cette
ville caraïbe il faut visiter la calle Heredia, celle qui
résume le mieux la culture de la ville.
C'est dans une maison de cette rue qui a conservé
son architecture et son mobilier ancien que vit le jour
en 1803 l'illustre poète José María Heredia, le premier à donner aux lettres cubaines leur titre de noblesse, précurseur du romantisme américain et l'un

des premiers à avoir exprimé pleinement à travers
son art l'identité nationale et son désir d'indépendance. Dans cette maison coloniale, transformée en
musée, sont conservés des objets qui appartinrent au
grand poète et les ouvrages publiés par des écrivains
de Santiago. L'édifice accueille en outre des réunions
littéraires et d'autres activités culturelles.
Non loin de là se trouve la Casa de la Trova, véritable temple de la musique traditionnelle cubaine,
fréquenté nuit et jour par des troubadours jeunes et
vieux, professionnels ou simples passionnés, qui in-
terprètent leurs créations dans une atmosphère fami-
liale et bohème. Le bâtiment lui-même est un
exemple significatif de l'architecture coloniale de
Santiago au XIXe siècle, en particulier pour la richesse de ses balcons.
Toujours dans la calle Heredia, on trouve le Museo
del Carnaval, inséparable de la culture traditionnelle
locale, qui fut inauguré en 1983. Il est aménagé dans
une demeure coloniale du XVIIIe siècle dont la façade atteste l'utilisation fort répandue du *corredor*, une
galerie couverte constituant une transition entre l'extérieur et l'intérieur ; dans ce cas le *corredor* est agré-

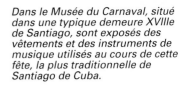

Dans le Musée du Carnaval, situé dans une typique demeure XVIIIe de Santiago, sont exposés des vêtements et des instruments de musique utilisés au cours de cette fête, la plus traditionnelle de Santiago de Cuba.

Ces tambours en forme de barils trahissent l'influence du Dahomey, apportée à Santiago par les esclaves fuyant, tout comme leurs maîtres, la révolution haïtienne de 1791.

Les tumbadoras *et la grosse caisse que l'on voit sur cette photographie sont avec les* bocúes, *la* cloche *et la* corneta china *les instruments fondamentaux de la musique de carnaval.*

menté de belles balustrades et de grilles de bois précieux.

On peut y voir entre autres d'intéressants vêtements et les instruments utilisés pour les *congas*, les défilés et les mascarades des carnavals traditionnels de Santiago. Le musée du carnaval offre un panorama de ces fêtes traditionnelles dont les origines remontent à trois siècles. L'exposition de photographies, de vêtements, de déguisements et d'instruments de musique utilisés aux différentes époques donne une idée de ce que furent les fêtes les plus célèbres de Cuba.

Dans le musée est exposé un petit instrument exotique sans lequel la *conga* de Santiago perdrait une grande partie de son originalité : la trompette *china*, une sorte de clairon à cinq notes, à la tonalité aiguë, dont la mélodie rappelle celle de la cornemuse et constitue à elle toute seule un symbole du carnaval dans la partie orientale de Cuba.

Dans cette rue illustre on trouve en outre la Bibliothèque Elvira Cape, du nom de l'épouse et collaboratrice d'Emilio Bacardí Moreau, le premier maire de Santiago et un grand promoteur de la culture.

Les bonshommes de papier mâché attestent souvent un artisanat fin et un grand goût esthétique. Les artisans s'y appliquent tout en sachant que chaque année leurs créations éphémères sont destinées à disparaître au terme du carnaval.

Dans le Musée du Carnaval est exposé ce cavalier, peut-être une représentation festive de l'apôtre Jacques. Il n'est en rien irrévérencieux mais constitue une manifestation humaine de ce saint, proche de l'allégresse du peuple de Santiago.

Cette institution provinciale est l'une des plus importantes de l'est du pays et la deuxième du pays. Outre des salles spécialisées et un riche département des périodiques, elle compte des archives musicales riches de partitions et d'œuvres d'illustres compositeurs cubains.

L'une des chorales les plus prestigieuses du pays, l'Orfeón Santiago, a également son siège dans cette rue et attire un public nombreux à ses concerts et ses récitals.

La belle maison coloniale qui abrite la délégation provinciale de l'Union des Écrivains et des Artistes de Cuba (UNEAC) est un lieu de rendez-vous où les auteurs lisent leurs textes, chantent leurs chansons et commentent leurs dernières créations. Enfin il faut mentionner, parmi les édifices coloniaux de la calle Heredia, la maison du XVIIIe autrefois habitée par les frères Tejada, d'insignes peintres. On peut y admirer un typique patio intérieur et des réalisations de bois raffinées. Son portail de style baroque est unique en ville. Le bâtiment est occupé par une société qui commercialise des produits artistiques et culturels.

Dans la calle Heredia, la vie culturelle de la ville se concentre sur à peine plus d'un kilomètre. C'est une image chère aux habitants de Santiago de Cuba et que l'on retrouve sur maints ouvrages d'artisanat et d'arts plastiques. Et il ne saurait en être autrement car cette rue est à la fois histoire et légende, mythe et réalité, tradition et vie quotidienne.

L'hôtel Santiago, dont la modernité contraste avec l'environnement colonial. L'architecte José Antonio Choy a voulu projeter dans le futur ce manifeste appréciable quoique controversé de l'avant-garde artistique cubaine.

La Mecque du rhum

Nous l'avons vu, l'immigration des Catalans a laissé une empreinte dans la personnalité de Santiago. Facundo Bacardí y Mazó, natif de Sitges, a quant à lui laissé un prodigieux héritage puisque vers 1862 il trouva une formule pour la fabrication du rhum cubain, boisson qui devint célèbre dans le monde entier et qui dès les premières années du XXe siècle figurait en bonne place parmi les produits d'exportation nationaux.

À l'époque où Bacardí produisit ce rhum fort et douceâtre, sans la dureté du célèbre rhum jamaïcain, dans tout Santiago de Cuba ne fonctionnaient pas plus de quatre alambics qui distillaient une eau-de-vie agressive, incapable de lutter contre le nouveau produit.

Mais Facundo Bacardí, doté d'une patience sans bornes, ne s'empressa pas d'entrer en concurrence et consacra ses capitaux et son temps à créer les bases vieillies cinq, dix et quinze ans qui entrèrent désormais dans la composition des meilleures marques de rhum cubain.

Lorsqu'il mourut en 1886, il laissa relativement peu d'argent à ses enfants, mais un grand nombre de barils vieillis et la formule de fabrication du rhum.

Peu après la fin de la dernière guerre d'indépendance, les descendants de Facundo Bacardí se trouvèrent à la tête d'un capital impressionnant ; Cuba avait une boisson nationale et le monde entier une autre liqueur de haute lignée, un rhum inimitable bien que sa fabrication ne soit basée sur aucun secret comme on le crut longtemps.

La fameuse formule secrète n'était qu'une trouvaille publicitaire, car la magie du rhum réside surtout dans la qualité des bagasses de la canne à sucre cultivée à Cuba, avec un climat et un sol uniques.

Et c'est ce qui a provoqué une préférence mondiale pour les différentes

Santiago se devait d'avoir un Musée du Rhum. C'est en effet ici que vit le jour cette boisson célèbre dans le monde entier.

Jusqu'à la fin du XIXe siècle, on distillait le rhum dans des alambics primitifs tels que celui que l'on voit sur cette photographie.

Depuis le haut de la calle Padre Pico, on peut admirer les typiques toits de tuiles des maisons locales.

La calle Padre Pico se termine par un escalier montant en pente raide entre les maisons. C'est un des endroits les plus pittoresques de la ville.

marques de rhum cubain, Havana Club, Caney, Legendario, Matusalén, Varadero, Caribbean Club, etc, tant du type *Light Dry,* c'est-à-dire vieilli trois ans, que du type *Old Gold,* vieilli cinq ans, ou l'*Extra Aged* de sept ans d'âge.

Santiago et presque toutes les provinces de Cuba perpétuent la tradition de fabrication de bons rhums de différentes marques, mais ce qui frappe les visiteurs c'est la nette préférence des habitants de Santiago pour cette boisson, qu'ils consomment habituellement pure et à grandes gorgées, plus que partout ailleurs sur l'île.

Cela ne veut pourtant pas dire qu'ils n'apprécient pas les cocktails à base de rhum, et comme tout le monde ils aiment le Daiquirí, le Mojito et le Cuba Libre, ce dernier à base de rhum et de coca-cola. Et c'est généralement l'occasion qui décide s'il faut boire son rhum pur ou coupé, bien que le fait que la population locale le consomme pur est davantage dû à un facteur psychologique qu'au climat.

La statue équestre d'Antonio Maceo, sur l'énorme place qui en commémore le souvenir, mesure 16 mètres de haut, 22 mètres en comptant la base.

Plaza de la Revolución Antonio Maceo

Après le triomphe de la révolution, le 1er janvier 1959, aucune place, aucun parc de Santiago de Cuba n'était en mesure de contenir les foules désireuses de se réunir certains jours de commémoration patriotique, presque toujours liée à l'histoire de la ville, ce jusqu'à la construction, au début des années 1990, de la Plaza de la Revolución Antonio Maceo.

Cette place de plus de 53.000 m², qui peut accueillir deux cent mille personnes, est ornée de la plus grande statue équestre du pays, représentant Antonio Maceo, un illustre patriote né dans cette ville en 1845 et passé à la postérité sous le surnom de Titan de bronze. Cette monumentale sculp-

Le major général Antonio Maceo y Grajales est représenté la main ouverte et le bras tendu comme pour inviter à le suivre.

ture de 16 mètres de haut, qui pèse 120 tonnes, fut réalisée par l'artiste de Santiago Alberto Lescay ; elle représente Maceo la main ouverte comme pour appeler à la lutte et à suivre son exemple de fidélité et de dévouement aux plus nobles idéaux.

Cette représentation montre une facette civique de cet extraordinaire héros historique.

Elle est accompagnée de 23 gigantesques lames d'acier se dressant en succession de la position horizontale à la position verticale et symbolisant non seulement l'utilisation que les Cubains firent de la machette lorsqu'ils transformèrent cet outil de travail en une efficace arme de guerre contre les armées du colonialisme, mais aussi le geste sublime de Maceo lorsqu'il mit en œuvre la contestation de Baraguá, refusa la paix du Zanjón et reprit la guerre, exactement le 23 mars 1878.

À la base du monument, dans un escalier conçu pour pouvoir aussi servir de tribune, on trouve une salle contenant des souvenirs historiques comme la série d'holographies reproduisant des armes et des objets personnels de Maceo, dont des pièces de sa vaisselle de famille, son alliance et la bague de son initiation maçonnique. À travers ces différents aspects de la vie du Titan de bronze, la salle illustre les circonstances historiques qui marquèrent sa carrière et sa pensée militaire, politique et patriotique.

Depuis ce bastion du Castillo del Moro on peut voir toute la baie. C'est d'ici qu'en 1898 les troupes espagnoles cantonnées dans la forteresse assistèrent à la bataille navale inégale au cours de laquelle les Nord-Américains triomphèrent des Espagnols, marquant le début de la longue domination américaine à Cuba.

Le Castillo trahit les apports de la dynastie des Antonelli à l'architecture de l'archipel des Caraïbes. Le Musée de la Piraterie documente les luttes qui opposèrent les puissances coloniales pour la domination des mers et des terres des Caraïbes.

Le Morro de Santiago

À l'entrée de la baie de Santiago de Cuba se trouve l'un des plus remarquables châteaux du Nouveau Monde, San Pedro de la Roca, simplement connu comme le Morro de Santiago.

En raison de son importance historique et architecturale, l'UNESCO l'a classé en 1998 parmi les richesses mondiales, ce qui a augmenté la dévotion et l'orgueil que le Castillo del Moro inspirent aux habitants de Santiago.

L'audace croissante des pirates anglais et français qui dès le milieu du XVIe siècle s'emparèrent de plusieurs importantes villes côtières comme Cartagena de Indias, Saint-Domingue, La Havane et Portobelo incita l'Espagne à construire un système défensif.

La fortification de Santiago fut entreprise en 1643, mais elle fut détruite en 1662 lors d'une attaque du célèbre pirate anglais Henry Morgan et en 1666 par un tremblement de terre. Elle fut terminée sous son aspect actuel au début du XVIIIe.

Le château reflète les canons en vigueur pour ce type de construction tant au Moyen Age qu'à la Renaissance et présente nombre des éléments que la dynastie des Antonelli expérimenta dans des fortifications à La Havane et ailleurs dans les Caraïbes.

Lorsqu'elle fut entièrement achevée, cette forteresse située à 76 mètres au-dessus du niveau de la mer devint inexpugnable, mais les troupes qui s'y trouvaient cantonnées en 1898 ne purent rien faire pour éviter le désastre de la flotte espagnole, massacrée par des navires nord-américains.

Depuis les murailles du Morro elles assistèrent impuissantes à la destruction de l'escadre de l'amiral Cervera, car la forteresse ne disposait pas d'artillerie à longue portée et était incapable d'atteindre les cuirassés nord-américains.

Mausolée et tombe du héros national José Martí dans le cimetière de Santa Ifigenia.

Le mausolée à la mémoire des martyrs de la révolution.

Cimetière de Santa Ifigenia

Ce cimetière a été classé monument national en 1937 en raison du grand nombre d'illustres patriotes et de personnalités du monde de l'art et de la culture qui y sont enterrés.

On peut dire que les panthéons de Santa Ifigenia offrent un résumé de l'histoire héroïque de Cuba. C'est ici que sont ensevelis 29 généraux des guerres d'indépendance et le responsable du premier soulèvement armé, Carlo Manuel de Céspedes, connu comme le Père de la Patrie.

La quantité de tombes et de monuments funéraires ornés du drapeau national et du drapeau rouge et noir du Movimiento 26 de Julio, indiquant la sépulture d'un révolutionnaire assassiné ou tombé à la guerre, est impressionnante. Ici reposent les restes de nombreux martyrs de l'assaut de la caserne Moncada, ainsi que ceux de Frank País, le héros par excellence de la lutte clandestine contre la tyrannie de Batista.

Mais la rencontre symbolique avec l'histoire atteint son apogée avec le mausolée de José Martí, personnage aimé et vénéré par tous les Cubains. Il s'agit d'une construction hexagonale de 23 mètres de haut, avec une base en forme de crypte au centre de laquelle s'élèvent un tumulus de bronze et une urne, toujours recouverte par le drapeau cubain et dans laquelle sont conservés les restes du célèbre patriote.

Sanctuaire national de Nuestra Señora del Cobre, fondé au XVIIe siècle. Les fidèles viennent y rendre hommage à la Vierge.

Sanctuaire d'El Cobre

Un matin de 1608, la ville d'El Cobre, à quelques kilomètres seulement de Santiago, s'éveilla à la nouvelle qu'un miracle s'était produit.

Au milieu d'une tempête, trois pêcheurs avaient vu flotter sur les ondes déchaînées de la baie de Nipe une statuette sur le socle de laquelle était inscrit "Je suis la Vierge de la Charité".

L'origine surnaturelle de cet épisode fut confirmée, à en croire la tradition, lorsque, trois nuits de suite, la statue disparut inexplicablement de l'endroit où elle avait été placée.

Ces disparitions nocturnes ne prirent fin que lorsque la Vierge fut emportée au sanctuaire d'El Cobre, car c'était là qu'elle voulait être, et vingt ans plus tard elle trouva place sur le maître-autel de l'église.

L'imagination populaire enrichit considérablement cette légende et il existe d'autres versions de l'apparition, mais en réalité le peuple s'identifia avec cette représentation dont le visage était, de façon significative, cuivré comme celui d'une mulâtresse.

En 1916 le pape Benoît XV nomma Notre-Dame de la Charité d'El Cobre sainte patronne de Cuba, mais elle était depuis longtemps un symbole national, non seulement pour les catholiques mais aussi pour les religions syncrétistes d'origine africaine qui l'identifiaient avec Ochún, une des principales divinités de la population Yoruba, vénérée au fil des siècles par les esclaves noirs et leurs descendants.

Le Sanctuaire national de Nuestra Señora de la Caridad del Cobre, fondé au XVIIe siècle, est devenu un lieu de pèlerinage où les fidèles font traditionnellement des offrandes à la Vierge ; l'une des plus célèbres fut faite par l'écrivain Ernest Hemingway, qui fit don de la médaille en or reçue en 1954 pour son prix Nobel de littérature.

La Caridad del Cobre, la seule Vierge cubaine, officiellement reconnue comme sainte patronne nationale en 1916. Sa couronne et son auréole sont en or et en platine incrustés de 1.450 diamants, rubis et émeraudes.

L'autel d'argent de la Capilla de los Milagros ou chapelle des miracles du Sanctuaire d'El Cobre.

Parc Baconao

Classé par l'UNESCO Réserve naturelle de la biosphère, ce parc extraordinaire s'étend sur plus de 50 kilomètres sur la côte sud-est de Santiago de Cuba, pénétrant dans les montagnes de la Sierra Madre avec quelque 80.000 hectares de splendides paysages et une grande richesse de flore et de faune.

Sur ce territoire où la chasse, la pêche et la coupe des arbres sont rigoureusement contrôlées, les zones boisées et la population d'animaux sauvages ont augmenté et se sont diversifiées de façon insolite.

À quelques kilomètres de Santiago, Baconao offre de caractéristiques plages mais aussi une infinité d'attractions culturelles, depuis la musique paysanne la plus traditionnelle jusqu'à l'étonnante Vallée de la Préhistoire, située à Damajayabo et comptant 196 animaux préhistoriques sculptés dans la pierre.

Parmi les nombreuses institutions culturelles disséminées à Baconao et comprenant des musées, des expositions, des galeries d'art et autres, on ne manquera pas l'intéressant musée La Isabelica, aménagé dans une ancienne plantation de café française, non loin de la Gran Piedra. On

pourra y voir une précieuse collection d'ustensiles d'époque.

À la Gran Piedra, un gigantesque monolithe qui, curieusement, couronne une montagne de 1.200 mètres de haut et semble placé sur une structure géologique différente de lui, depuis le mirador de Baconao on peut, pendant les nuits dégagées, voir les lumières de Santiago et parfois même, dit-on, celles de Haïti et de la Jamaïque.

Un peu à l'est de la Vallée de la Préhistoire, à quelques kilomètres de la côte où se trouve l'Área de Barcos Hundidos ou zone des bateaux coulés, on arrive au centre d'informations de La Punta, où le visiteur trouvera tous renseignements sur le parc, ses sites et ses institutions.

Le parc Baconao compte une variété incroyable de lieux intéressants et une signalisation fort utile.

Dans la Vallée de la Préhistoire, 196 animaux sculptés dans la pierre sont disséminés dans un environnement naturel rappelant celui d'une époque reculée.

Les plages de Baconao sont entourées de montagnes élevées et d'une végétation luxuriante, et leurs eaux sont limpides et paisibles comme celles de toutes les magnifiques plages des côtes cubaines.

Le viaduc de La Farola, construit en 1950, une réalisation audacieuse, fut la première route d'accès à Baracoa, ville primaire de Cuba.

Baracoa: ville des origines

Après avoir longé pendant quelques jours la côte nord-orientale de l'île de Cuba - en croyant se trouver face à la terre ferme décrite par Marco Polo -, le matin du 27 novembre 1492 l'amiral Christophe Colomb ordonna d'amarrer *La Niña* et *La Santa María* dans une jolie baie qu'il baptisa Porto Santo.

Il approcha d'un endroit très verdoyant, d'une zone de port protégée par de hautes montagnes. Une de celles-ci en particulier le surprit par sa forme, le sommet étant totalement droit. Voici comment il la décrit dans son journal : "un cap sur lequel s'élève une montagne haute et carrée qui semble une île". C'était la deuxième fois que le navigateur débarquait en terre cubaine.

Lorsque depuis la rive les indigènes à la peau cuivrée et aux cheveux très noirs virent apparaître stupéfaits deux des caravelles qui découvrirent le Nouveau Monde, ils s'enfuirent à toutes jambes vers les montagnes, comme s'ils devinaient le futur qui les attendait. C'était Baracoa, le nom donné à l'endroit par ses premiers habitants Taïnos, la principale population aborigène que Christophe Colomb trouva à Cuba : il s'agissait de la zone la plus riche et la mieux cultivée grâce au niveau de développement des Indiens locaux, qui y laissèrent à tout jamais leur empreinte.

Pendant les cinq années que les conquérants espagnols passèrent à Baracoa, ils eurent le temps de se rendre compte que l'endroit se prêtait fort bien à la construction "d'une ville ou d'une forteresse, en raison de la bonté de son port, de ses eaux, de ses terres et de l'abondance de son bois". Cette annotation dans le journal de l'amiral, transcrit par le frère Bartolomé de las Casas, incita de toute évidence le gouverneur Diego Velázquez à revenir à Baracoa vingt ans plus tard et à entreprendre la conquête des Amériques, fondant à Cuba la première ville, Nuestra Señora de la Asunción de Baracoa, la seule des villes primaires qui se trouve aujourd'hui encore à l'emplacement où elle fut fondée.

En février 1512, Velázquez déclara Baracoa capitale politique de l'île et y fixa sa demeure. Il nomma un maire et un gendarme en chef afin qu'ils exercent la justice civile, établit l'hôtel de ville et demanda au roi d'accorder à Baracoa le titre de ville, ce qui fut rapidement fait. Le monarque établit en outre ici le gouvernement ecclésiastique, et Baracoa devint le siège

du premier évêché de Cuba.

Mais le manque de gisements d'or, tant convoités par les conquérants, joint à la difficulté d'accès au reste de l'île, paralysèrent bien vite le développement de Baracoa et la ville perdit sa position prédominante parmi les autres villes primaires. En 1533 seuls vivaient en ville 13 habitants, 26 soldats, 212 Indiens dispersés et 4 Noirs. Diego Velázquez était lui aussi parti s'installer à Santiago de Cuba. Mais Baracoa conserva son importance historique et ses beautés naturelles, aujourd'hui encore intactes.

L'évolution de Baracoa du XVIe au XIXe fut liée à la mer, et ce non parce qu'elle se développa comme une communauté de pêcheurs mais parce que son isolement par rapport au reste du pays et les magnifiques conditions de son port l'obligèrent à entretenir un rapport constant avec les pirates et les contrebandiers. On raconte qu'au début les habitants de Baracoa offraient une résistance aux attaques dont la ville faisait l'objet mais que, pour des raisons de survie, il finirent par violer les lois absurdes d'un gouvernement central qui ne faisait rien pour eux et par établir une économie qui ne savait ni ne pouvait respecter le sévère monopole commercial imposé par le pouvoir colonial.

Ce lien avec la mer fut la vie de Baracoa et le principal motif des évènements qui eurent lieu ici depuis le moment où Christophe Colomb débarqua jusqu'à ce qu'en 1965, presque cinq siècles

Dans la langue des Taïnos, premiers habitants du lieu, Baracoa voulait dire "présence d'eau". La mer qui baigne la ville et la quantité de cours d'eau coulant aux environs, dont le Toa, le Miel, le Yumurí et le Duaba, justifient pleinement cette appellation.

Baracoa a conservé presque intact son tracé d'origine, avec ses rues orientées vers la mer. À l'arrière-plan on peut voir la montagne carrée qui domine la ville, dite Yunque.

Vue de la baie de Porto Santo depuis le château de Seboruco, l'actuel hôtel El Castillo.

après la découverte, Baracoa fut reliée au reste de l'île par une grande route traversant la chaîne de montagnes dite Cuchillas de Baracoa. Le viaduc La Farola, considéré comme l'une des plus remarquables réalisations des ingénieurs cubains, serpente dans la montagne sur 40 kilomètres, s'adaptant à ses irrégularités ; en onze endroits la route enjambe le vide, reposant sur des piliers.

La ville s'étend entre la crique de Porto Santo et la baie de Miel, à l'abri de la troisième plus grande jetée de l'île (après celles de La Havane et de Cienfuegos). Aux deux extrémités de la jetée furent construites entre 1739 et 1742 les forteresses de Matachín - actuellement le siège du Musée municipal - et de La Punta. Avec le château de Seboruco (situé sur une hauteur de 40 mètres vers l'intérieur de la ville et devenu l'hôtel El Castillo), ces constructions constituent le système fortifié le plus important de l'île après celui de La Havane.

La première ville de Cuba, qui fut le deuxième habitat des Européens dans le Nouveau Monde, a conservé son tracé d'origine. Dans le centre ville, on remarquera un parc à la curieuse forme triangulaire. Les édifices les plus intéressants sont les fortifications, l'hôtel de ville et l'église paroissiale Nuestra Señora de la Asunción de Baracoa.

La Cruz de la Parra

L'un des objets les plus anciens et historiquement importants de la ville est la Croix de la Parra, conservée dans l'église paroissiale.

La célébrité de cette croix commença avec la conquête espagnole, et on a pu établir - entre autres grâce à des analyses au carbone 14 - qu'il s'agissait de l'une des 29 croix plantées par Christophe Colomb au cours de ses voyages en Amérique ; c'est la seule qui se soit conservée.

Bartolomé de las Casas s'en servit

Avec ses trois forteresses, la ville de Baracoa était considérée comme la deuxième ville la mieux protégée de Cuba à l'époque coloniale.

Le fort de Matachín abrite le Musée municipal de Baracoa, avec les principaux interprètes de l'art indocubain.

La ville de Baracoa est abritée par la troisième plus grande jetée de l'île.

pour dire la messe lors des voyages qu'il fit ensuite à Baracoa. À chaque fois que quelque malheur avait lieu, cyclone ou séisme, les habitants de la ville la sortaient en procession, convaincus qu'il s'agissait là du meilleur objet de culte et de la plus grande preuve d'adoration qu'ils pouvaient offrir à Dieu. À en croire les chroniques, la croix doit son nom, qui signifie treille, au fait qu'après avoir été volée par quelque fanatique elle fut retrouvée dans les entrelacs d'une vigne.

Au cours d'une des expéditions de son armée au cours de la guerre de 1868, le général espagnol Arsenio Martínez Campos fut émerveillé par cet objet si ancien et vénéré, et il nous a laissé une description de la croix qui confirme l'idée selon laquelle celle-ci fut construite en Europe avant 1492 : "Elle est en bois imputrescible, sonore si on la heurte légèrement, d'où on peut en conclure le type de bois dont elle est faite, celui d'une sorte d'arbre qui n'existe pas dans la flore cubaine".

L'un des symboles culturels de Baracoa, la Cruz de la Parra, une relique historique ; elle a été placée dans cette châsse et ses extrémités sont protégées par un revêtement de métal pour éviter que ses adorateurs ne prélèvent des éclats de bois comme amulettes ou comme souvenirs.

Au-dessus de la ville de Baracoa, entourée de montagnes, veille cette représentation de l'Indien rebelle Hatuey, le cacique qui guida le premier combat contre les colonisateurs espagnols et mourut sur le bûcher, accusé d'hérésie.

L'empreinte des Taïnos

La population actuelle de Baracoa, près de 36.000 habitants, présente des caractères ethniques fort curieux car on trouve encore ici des descendants des aborigènes Taïnos. À la différence du reste du pays, où les populations primitives furent exterminées, il resta ici une petite quantité d'indigènes, dans une certaine mesure isolés et avec de faibles possibilités de se mêler à d'autres races ou cultures. De nombreux habitants ont des traits indiens et utilisent encore des mots de leur langue d'origine que l'espagnol n'a jamais remplacés.

On trouve des témoignages du mode de vie d'origine des Taïnos dans le Musée municipal, situé dans la forteresse de Matachín. Certains des objets les plus importants de cette culture aborigène ont été retrouvés dans la région, comme l'idole en bois de gaïac incrusté de coquillages et le siège ou *dujo* en bois sculpté. Ces deux objets sont exposés dans le musée Montané à la Havane. Depuis 1914 est en revanche exposé à New York, dans le Musée indoaméricain, l'aviron de bois sculpté retrouvé lui aussi à Baracoa. Avec ses 56 sites, cette ville primaire est l'un des plus importants sites archéologiques de tout Cuba.

Cuisine typique de Baracoa

Nombre de coutumes, dont celles des Taïnos, se sont conservées au fil des siècles. Elles se manifestent surtout dans les traditions culturelles populaires et les habitudes culinaires, étroitement liées à la production de noix de coco et de cacao de la région.

Baracoa porte aussi l'empreinte culturelle des Noirs africains amenés ici voici fort longtemps, des Espagnols, des Français et des Haïtiens qui, chassés par la révolution, émigrèrent de cette île voisine au XVIIIe siècle. La confluence de ces cultures a donné lieu à une cuisine typique, avec des plats comme le *bacán*, une sorte de pâté à base de *guineo* ou bana-

L'hôtel Porto Santo, une demeure coloniale parfaitement restaurée et dotée de tous les conforts, est l'un des trois hôtels de Baracoa.

Depuis l'hôtel Porto Santo, donnant sur la baie et tout proche de l'aéroport, on peut faire des excursions vers la rivière Toa et les sites historiques et culturels de la ville de Baracoa.

Face à la jetée se trouve l'hôtel La Rusa, qui fut le premier de Baracoa. Inauguré par une pittoresque émigrante arrivée dans les années 1920 dans cette ville perdue de Cuba, il fait partie du patrimoine historique local.

ne, viande de porc, lait de coco, épices, piment rouge et sel enveloppé dans des feuilles de bananier. D'autres plats très courants à Baracoa sont le *casabe* que préparaient les aborigènes (une sorte de galette de farine de manioc), le crabe et les poissons cuisinés dans le lait de coco, pour n'en citer que quelques-uns.

Les pâtisseries sont également nombreuses, avec en particulier un inimitable cornet à la noix de coco typique de la ville.

Dans les moulins à broyer la canne à sucre du XIXe on préparait déjà ce dessert, dont la principale caractéristique est d'être enveloppé de *yagua* (la feuille du palmier géant). Ce travail artisanal en fait un objet aussi beau que fonctionnel, fort prisé comme souvenir.

La Russe, une légende

Alors même que le krach de 1929 dévastait le reste du monde, Baracoa vivait une période de splendeur, avec une énorme production de bananes entreprise quelques années auparavant. Le monde était anéanti mais, pour la première et unique fois dans son existence, Baracoa était puissante. Le long de la rivière Toa, dont le débit est le plus important de l'île, voyageaient les embarcations chargées de régimes de bananes. À Porto Santo, des bateaux de toutes provenances chargeaient le nouvel "or" de Baracoa.

Un matin de cette même année, une étrange femme qui avait l'allure d'une artiste arriva en ville. On sut ensuite qu'elle était née par hasard en Sibérie et avait passé son enfance à Saint-Pétersbourg, dans la lointaine Russie, où la Révolution de 1917 lui causa un tel désagrément qu'elle décida de parcourir le monde avec son époux Albert. Après s'être mariés à Constantinople, ils cherchèrent un endroit où s'installer. Ils s'étaient rendus en France, à Java et en Italie avant d'aboutir à Baracoa où ils devinrent des célébrités locales avant que de retomber dans l'oubli.

À la fin de la Seconde Guerre mondiale, les plantations de bananiers furent frappés d'un fléau, les né-

Dans l'impossibilité de développer des plantations de canne à sucre ou de tabac en raison de sa géographie, Baracoa s'est consacrée à la production de cacao, de café et de noix de coco. Les habitants de la ville continuent à cultiver ces trois produits, qui occupent également une place importante dans la cuisine locale.

La végétation exubérante qui caractérise les rivages des cours d'eau de Baracoa.

Les cours d'eau des environs de Baracoa offrent maintes possibilités de baignades.

cessités du marché qui incitaient à produire toujours davantage à des coûts de main-d'œuvre toujours plus bas. L'Amérique centrale s'empara des exportations vers les États-Unis et l'Europe et Baracoa retourna à sa pauvreté et à son isolement. Mais la Russe qui parlait six langues et avait une voix de soprano décida de rester ici pour toujours.

Au cours des années Cinquante, Magdalena Menases - c'était son nom - vendit son café, sa fabrique de courroies et sa petite propriété agricole pour construire l'hôtel Miramar, le premier de Baracoa, à présent connu sous le nom d'hôtel La Rusa.

Ironie du sort, cette femme était destinée à traverser une nouvelle révolution. Mais cette fois elle resta et collabora ; l'un de ses gestes les plus généreux fut de faire don de tous ses bijoux aux caisses de l'état que Batista et ses partisans avaient vidées avant de fuir le pays. Dans son hôtel séjournèrent Fidel Castro, Raúl, Che Guevara et Celia Sánchez. Elle mourut en 1976, devenue le symbole et la légende de Baracoa.

Les montagnes, les rivières et la mer

Tant la Russe que les paysages et les lieux de Baracoa inspirèrent à l'écrivain cubain Alejo Carpentier son roman *La consagración de la primavera*. On peut y lire une charmante description de Yunque, de sa "présence imposante et tutélaire [...] dont le sommet presque droit s'élève à l'arrière-plan du paysage, au-dessus d'un vaste piédestal de verdure profonde s'étendant et se fondant dans les verdures chatoyantes des montagnes environnantes".

La montagne carrée décrite par Christophe Colomb et surnommée ainsi par les Espagnols était considérée par les Taïnos comme une sorte d'Olympe, le lieu sacré de leurs dieux. L'endroit est un "phare" naturel, visible de loin depuis la mer, qui permet aux navigateurs de reconnaître le port de Baracoa.

Le long du littoral on découvre vers l'ouest, tout comme Colomb en 1492, 14 kilomètres de plage vierges, aux eaux extrêmement

À l'est de Baracoa on trouve une succession de plages vierges de sable gris. Une de celles-ci est la plage de Yumurí, on l'on peut voir une des plus belles espèces d'escargots de terre du monde, aux curieuses couleurs jaune, rouge et noire.

Vers le nord on arrive à la jolie plage Duaba, historiquement importante puisque c'est ici que débarqua le général Antonio Maceo pour entreprendre la guerre de 1895.

limpides. C'est sur l'une d'elles, celle de Duaba, classée monument national, que le général Antonio Maceo débarqua en 1895 avec 22 hommes pour entreprendre la guerre d'indépendance.

Vers l'est, en direction de la ville, on arrive à la rivière Miel, qui doit son nom à la douceur de ses eaux ; en effet, curieusement, bien qu'elle rencontre la mer, ses eaux ne sont pas salées. Il existe à propos de cette rivière une légende fort ancienne qui assure que ceux qui s'y baignent à minuit trouveront l'amour à Baracoa et y resteront pour le restant de leurs jours.

2.000 av. J.-C. *Les Indiens Ciboneys vivent déjà sur l'île. Ils y restent approximativement jusqu'en 1515, date à laquelle ils sont pratiquement exterminés par les conquérants espagnols. À des époques antérieures à la découverte, le territoire de Cuba était également peuplé d'autres groupes indigènes à différents niveaux de développement.*

1492 (28 octobre) *Christophe Colomb débarque sur les côtes de Bariay, au nord-est de l'île. Il baptise cette terre Juana, en l'honneur du fils aîné des Rois Catholiques Ferdinand d'Aragon et Isabelle de Castille. Les aborigènes cultivent déjà le tabac.*

1509 *Sebastián de Ocampo fait le tour du territoire et démontre que Cuba est une île.*

PÉRIODE COLONIALE

1510 *Diego Velázquez entreprend la conquête et la colonisation de l'île, qui durèrent jusqu'en 1514. Les Espagnols introduisent la culture de la canne à sucre.*

1512 *Dans la région de Baracoa, le chef Hatuey se rebelle, mais après avoir tenu tête aux Espagnols pendant plusieurs mois il est capturé et condamné à mort sur le bûcher. C'est la première manifestation de lutte pour la liberté sur le territoire cubain.*
Fondation de la première ville, baptisée Nuestra Asunción de Baracoa. Dès lors et jusqu'en 1514 seront fondées : San Salvador de Bayamo, la Santísima Trinidad, Sancti Spíritus, San Cristóbal de La Habana, Santa María de Puerto Príncipe (Camagüey) et Santiago de Cuba. Chaque ville disposait d'un organe de gouvernement dit cabildo.

1526 *145 esclaves africains sont amenés à Cuba. Ce commerce barbare durera jusqu'au XIXe siècle, dans le but de développer la production sucrière du pays.*

1537 *À partir de cette date, corsaires et pirates attaquent de nombreux villages cubains. En 1555 Jacques de Sores, un corsaire français, occupe, saccage et détruit La Havane.*

1558 *Début des travaux de fortification de La Havane, qui dureront jusque bien avant dans le XVIIe siècle.*

1561 *L'Espagne arme des flottes de vaisseaux de guerre destinées à escorter les navires marchands assurant la liaison entre l'Amérique et l'Espagne. Elle désigne en outre La Havane comme l'escale obligatoire de ces flottes, donnant ainsi à la ville un essor comme centre exclusif du commerce légal. Les populations de l'intérieur des terres devront pour survivre se livrer aux commerces de contrebande avec les corsaires et les pirates anglais, français et hollandais.*

1608 *Publication de la première œuvre littéraire cubaine, le poème Espejo de paciencia, écrit par le Canarien Silvestre de Balboa.*

1701 *À partir de cette date et jusqu'en 1720, environ cent nouvelles raffineries de sucre s'installent aux environs de La Havane. Elles se multiplient également au centre de l'île. La production de tabac connaît un essor comparable.*

1728 *Fondation à La Havane de la première université de Cuba.*

1762 *Les Anglais s'emparent de La Havane le 12 août. Leur domination dure onze mois et a des conséquences favorables pour l'activité économique de la ville. Sur l'île arrivent de grandes quantités de marchandises anglaises et de nombreux esclaves destinés à travailler dans les plantations de sucre. La production de tabac et de sucre, deux produits d'exportation, est à son apogée.*

1763 *Par le traité de Versailles, l'Angleterre rend La Havane à l'Espagne, recevant en échange le territoire de la Floride. La Couronne espagnole commence à pratiquer ce que l'on a appelé le despotisme éclairé et qui concilie l'absolutisme avec certaines théories politiques de la philosophie des lumières.*

1781 *Cuba est autorisée à commercer avec l'Amérique du nord sans la participation des marchands espagnols. Peu à peu, les États-Unis deviennent le principal acheteur de sucre cubain.*

1789 *La traite libre des esclaves reste en vigueur.*

1790 *Fondation du Papel Periódico de La Habana, premier organe de presse publié à Cuba, qui contient des informations pour les agriculteurs, les commerçants et tous ceux qui s'intéressent à la culture.*

1791 *Cuba reprend les marchés de sucre et de café dont les besoins étaient*

jusque là assurés par les producteurs haïtiens, lesquels ont vu leurs plantations dévastées par la guerre. La culture de la canne à sucre se répand et la production de sucre devient le premier produit d'exportation de Cuba. Augmentation de l'esclavage.

1793 *Inauguration de la Real Sociedad Económica de Amigos del País, qui a pour objectifs de favoriser le développement des principales activités économiques de l'île et de promouvoir l'éducation et la culture.*

1810 *Première conspiration indépendantiste, menée par Román de la Luz et Joaquín Infante, auquel on doit le premier Proyecto de Constitución de Cuba. Parmi les principales conspirations indépendantistes, rappelons celle dite de los Soles y Rayos de Bolívar (1821-1828), à laquelle participe l'avocat José María Heredia, le premier grand poète cubain, qui sera condamné àl'exil.*

1812 *Découverte d'une conspiration abolitionniste dirigée par le noir libre José Antonio Aponte, ayant pour objectifs l'abolition de l'esclavage, l'égalité sociale et le renversement de la tyrannie espagnole.*

1824 *À partir de cette date et jusqu'en 1826, Félix Varela publie à Philadelphie et New York El Habanero, le premier journal révolutionnaire cubain. Par son idéologie politique, Varela a été le précurseur des idées indépendantistes, de l'amour de la patrie et de la liberté.*

1826 *Alexander von Humboldt, l'homme de science allemand considéré comme le deuxième découvreur de Cuba, publie l'Ensayo Político sobre la Isla de Cuba, le premier ouvrage à caractère scientifique sur la géographie du pays.*

1837 *Avant même l'Espagne, l'île est dotée d'un chemin de fer pour le transport du sucre.*

1838 *Inauguration à La Havane du théâtre Tacón, à l'époque un des plus luxueux et importants du monde.*

1850 *Giuseppe Garibaldi arrive à La Havane, où il restera plusieurs mois.*

1853 (28 janvier) *Naissance à la Havane de José Martí, fondateur du Parti Révolutionnaire Cubain et organisateur de la Guerre d'Indépendance, poète, critique littéraire, journaliste, diplomate, orateur, excellent écrivain. C'est le héros national cubain. Il meurt au combat le 19 mai 1895.*

1868 (10 octobre) *Carlos Manuel de Céspedes, que les Cubains considèrent comme le père de la patrie, libère ses esclaves et entreprend la première guerre contre la domination espagnole. Le conflit durera dix ans.*
(20 octobre) *Dans la ville de Bayamo, passée aux mains des patriotes, on chante pour la première fois ce qui deviendra plus tard l'hymne national cubain. Chaque année à cette date le pays célèbre le Jour de la Culture nationale.*
(4 novembre) *Máximo Gómez est à la tête de la première charge à la machette contre les troupes espagnoles.*

1869 *En avril, l'Asamblea de Guáimaro approuve la première Constitution de la République armée.*

1878 (10 février) *Signature du pacte du Zanjón : un groupe de commandants militaires et de députés rend les armes devant le chef de l'armée espagnole.*
(15 mars) *Le major général Antonio Maceo refuse d'accepter la paix du Zanjón, qu'il considère une "reddition honteuse" et une insulte à la dignité du peuple cubain. Cet acte de grande portée révolutionnaire est passé à l'histoire sous le nom de Protesta de Baraguá.*

1883 *Premiers investissements de capitaux nord-américains dans l'île, en particulier dans l'industrie sucrière et minière ; ils s'étendront ensuite à d'autres branches de l'économie cubaine, jusqu'à contrôler presque tout le commerce cubain.*

1892 (10 avril) *José Martí fonde le Parti Révolutionnaire Cubain, qui unira ses forces pour mener à bien la lutte contre la domination espagnole.*

1895 (24 février) *Début de la Guerre d'Indépendance, à l'organisation de laquelle participent José Martí, Máximo Gómez et Antonio Maceo.*
(19 mai) *Le chef de la révolution, José Martí, tombe lors d'un combat inégal contre les troupes espagnoles. Il est enterré dans le cimetière de Santa Ifigenia, à Santiago de Cuba.*

1896 (7 décembre) *Le lieutenant général de l'armée de libération, Antonio Maceo, surnommé le Titan de bronze, meurt au combat à San Pedro, Punta Brava, dans la province de La Havane.*

1898 (15 février) *L'Espagne a pratiquement perdu la guerre. Le cuirassé* américain Maine explose dans le port de la Havane, ce qui fournit aux Américains le prétexte pour entrer dans le conflit et faire échouer la libération de Cuba. En décembre l'Espagne et les États-Unis, en l'absence de représentants cubains, signent la paix par le traité de Paris. C'est le début de l'occupation américaine, qui durera près de trois ans.

1901 *Adoption d'une nouvelle constitution ; les Américains imposent l'amendement Platt, qui annule la souveraineté et le droit à l'autodétermination du peuple cubain.*
Fondation de la Bibliothèque nationale.

PÉRIODE RÉPUBLICAINE NÉOCOLONIALE

1902 (20 mai) *Prise du pouvoir du premier président cubain. Cuba devient une république néocoloniale, subordonnée aux intérêts des Américains.*

1906 (novembre) *Seconde intervention américaine, qui durera jusqu'en 1909. La dépendance économique et politique de Cuba à l'égard de l'impérialisme des États-Unis augmente.*

1921 *Le Cubain José Raúl Capablanca devient champion du monde d'échecs.*

1924 *La peinture contemporaine cubaine voit le jour avec le tableau de Víctor Manuel intitulé* Gitana tropical.

1925 *Constitution du Parti communiste cubain. Parmi ses organisateurs se trouvent Carlos Baliño et Julio Antonio Mella. Le dictateur Gerardo Machado reçoit l'ordre de déchaîner la répression contre le mouvement populaire révolutionnaire.*

1929 (10 janvier) *Julio Antonio Mella est assassiné au Mexique sur l'ordre de Machado.*

1930 *Nicolás Guillén, considéré comme le poète national, publie son premier recueil de poèmes,* Motivos de son.

1933 (12 août) *Une grève générale révolutionnaire provoque la chute de la dictature de Gerardo Machado.*
Cette même année, le plus grand écrivain de Cuba, Alejo Carpentier, auteur entre autres de El reino de este mundo, El siglo de las luces, Recurso del método, *publie* ¡Ecué-Yamba-O!, *son premier roman.*

1940 (5 juillet) *Adoption de la nouvelle constitution qui, grâce à la participation de délégués communistes, présente des avantages pour le peuple cubain. Cette même année, Fulgencio Batista devient président de la république.*

1948 *Fondation du Ballet national cubain, dont la figure dominante est la première danseuse Alicia Alonso.*

1952 (10 mars) *Batista fait un coup d'état appuyé par l'impérialisme pour renverser le gouvernement de Carlos Prío. C'est le début de la plus sanglante dictature que devra subir le peuple cubain.*

1953 (26 juillet) *Fidel Castro, à la tête d'un groupe de jeunes gens, essaie de s'emparer de la caserne Moncada, à Santiago de Cuba. Pendant son procès, célébré à huis clos, il prononce la plaidoirie,* La historia me absolverá *(l'histoire m'absoudra), qui deviendra le programme politique de la révolution.*

1956 *Fidel Castro part avec ses compagnons en exil au Mexique pour y réorganiser la lutte. C'est là qu'il fait la connaissance d'Ernesto "Che" Guevara. Avec 82 hommes ils retournent à Cuba à bord du yacht* Granma. *Début de la guérilla dans la Sierra Maestra.*

1958 *Dernières batailles de la guerre de libération. Le dictateur Batista s'enfuit du pays le 31 décembre.*

LA PÉRIODE RÉVOLUTIONNAIRE

1959 (1er janvier) *La Révolution cubaine triomphe. Le 8 janvier Fidel Castro fait une entrée victorieuse dans La Havane.*
(4 juillet) *Fondation de la Casa de las Américas, une institution culturelle qui réunit les plus illustres intellectuels latino-américains.*
Le prix littéraire Casa de las Américas est destiné à avoir un grand prestige international.

1960 (8 août) *La nationalisation des richesses du pays commence.*

1961 (3 janvier) *Les États-Unis rompent les relations diplomatiques avec Cuba et soumettent l'île à une politique de blocus économique.*
(16 avril) *Proclamation du caractère socialiste de la Révolution.*
(17 avril) *1500 mercenaires d'origine cubaine résidant aux États-Unis débarquent dans la baie des Cochons ; ils attaquent Playa Girón et Playa Larga. L'invasion échoue au bout de 72 heures.*
(22 décembre) *Couronnement de la campagne d'alphabétisation, au cours de laquelle un million de Cubains apprendront à lire et à écrire.*

Lors d'une cérémonie célébrée sur la Plaza de la Revolución, Cuba est déclarée libérée de l'analphabétisme.

1962 *Crise d'octobre. Le président des États-Unis, John F. Kennedy, dispose un blocus naval à l'encontre de Cuba et demande à l'U.R.S.S. de retirer les fusées nucléaires placées en territoire cubain.*
Face à ces évènements, Cuba garde une position aussi digne qu'intransigeante.

1963 (6 février) *Le gouvernement des États-Unis officialise le blocus contre Cuba.*

1965 (1er octobre) *Constitution du Comité central du Parti communiste cubain. À cette occasion, Fidel Castro lit la lettre d'adieu écrite par Che Guevara lorsque celui-ci est parti organiser la guérilla au Congo.*

1967 (8 octobre) *Ernesto "Che" Guevara est blessé au cours d'un combat contre l'armée bolivienne. Il est assassiné le jour suivant.*

1972 *Création du Movimiento de la Nueva Trova, mouvement poétique dont les principaux représentants sont les chanteurs-compositeurs Silvio Rodríguez et Pablo Milanés.*
La même année, le boxeur Teófilo Stevenson gagne sa première médaille d'or olympique dans la catégorie poids moyens. Il répètera cet exploit en 1976 et en 1980.

1975 *En décembre a lieu le premier congrès du Parti communiste cubain.*

1976 (15 février) *Par un référendum le peuple approuve la Constitution de la République de Cuba, à caractère démocratique et socialiste.*
Pendant les Jeux Panaméricains de Montréal, au Canada, le coureur Alberto Juantorena remporte deux médailles d'or au 400 mètres et au 800 mètres.

1978 *Le XIe Festival mondial de la Jeunesse et des Étudiants se déroule à Cuba.*
L'écrivain Alejo Carpentier obtient l'important prix littéraire Miguel de Cervantès.

1979 (3 septembre) *La VIe Conférence au sommet des Pays non-alignés entame ses sessions dans le Palais des congrès de La Havane.*
(3 décembre) *Inauguration du premier Festival international du Nouveau Cinéma latino-américain.*

1980 (4 avril) *Premier vol spatial conjoint soviético-cubain.*

1990 *À la suite de la chute du bloc des pays socialistes et de la désintégration de l'U.R.S.S., Cuba perd 85% de son commerce extérieur ; en outre, le blocus décrété par les États-Unis à l'encontre de l'île se renforce. Le pays entre dans une grave crise économique. C'est le début du dénommé Período Especial.*

1992 *La crise économique s'aggrave, en particulier après la promulgation par le gouvernement américain de la loi Torricelli, renforçant encore le blocus qui étrangle le pays.*
La poétesse cubaine Dulce María Loynaz reçoit le prix littéraire Miguel de Cervantès.

1993 *Le poète et essayiste cubain Eliseo Diego remporte au Mexique le prix Juan Rulfo pour l'ensemble de son œuvre littéraire.*

1996 *Le gouvernement des États-Unis adopte la loi Helms-Burton, qui vise à étrangler économiquement Cuba et à rétablir un régime capitaliste sur l'île.*

1997 *Au cours de l'été, 11.000 jeunes du monde entier arrivent à Cuba pour y célébrer le XIVe Festival mondial de la Jeunesse et des Étudiants.*
(14 octobre) *Les dépouilles mortelles d'Ernesto "Che" Guevara et de ses compagnons de guérilla, retrouvées à l'aéroport de Valle Grande, en Bolivie, sont ramenées à Cuba pour être inhumées à Santa Clara.*
Après avoir triomphé dans de nombreux championnats internationaux et au terme d'une période de repos consécutive à un accident domestique, l'athlète Ana Fidelia Quirot devient championne du monde du 800 mètres lors des Jeux olympiques d'Athènes, en Grèce.
Au cours des mêmes Jeux, le recordman mondial de Salamanque 1993, Javier Sotomayor, remporte la médaille d'or du saut en hauteur.

1998 (21-25 janvier) *Sa Sainteté Jean-Paul II se rend à Cuba. C'est la première visite d'un pape dans ce pays.*
Au cours de sa mission œcuménique, il célèbre quatre messes, à Santa Clara, Camagüey, Santiago de Cuba et sur la Plaza de la Revolución à La Havane.

Index